O
si-mesmo
oculto

Dados Internacionais de Catalogação na Publicação (CIP)
(Câmara Brasileira do Livro, SP, Brasil)

Jung, C.G., 1875-1961
  O si-mesmo oculto : (presente e futuro) com símbolos e interpretação dos sonhos / C.G. Jung ; com prefácio de Sonu Shamdasani ; tradução de Araceli Elman, Edgar Orth e Márcia de Sá Cavalcante – Petrópolis, RJ : Vozes, 2019.
  Título original : The undiscovered self.
  Bibliografia.

  2ª reimpressão, 2022.

  ISBN 978-85-326-6265-1
  1. Psicanálise 2. Simbolismo (Psicologia)
3. Sonhos 4. Sonhos – Interpretação 5. Subconsciente
I. Shamdasani, Sonu.

19-28589   CDD-150.1954

Índices para catálogo sistemático:
1. Psicanálise junguiana : Psicologia   150.1954

Cibele Maria Dias – Bibliotecária – CRB-8/9427

C.G. Jung

O si-mesmo oculto

(Presente e futuro)

com

Símbolos e interpretação dos sonhos

Com prefácio de **Sonu Shamdasani**

EDITORA VOZES

Petrópolis

© 1958 Little Brown
© 1990 Princeton University Press
© 2007 Foundation of the Works of C.G. Jung, Zürich

Tradução realizada a partir do original em inglês intitulado
The Undiscovered Self, by C.G. Jung
com prefácio de Sonu Shamdasani

Esta obra inclui os seguintes textos:
– Gegenwart und Zukunft (GW 10, cap. XIV)
  (Presente e futuro, OC 10/1)
  Tradução de: Márcia de Sá Cavalcante

– Symbole und Traumdeutung (GW 18/1, cap. II)
  (Símbolos e interpretação dos sonhos, OC 18/1, cap. II)
  Tradução de: Araceli Elman e Edgar Orth

Direitos de publicação em língua portuguesa:
2019, Editora Vozes Ltda.
Rua Frei Luís, 100
25689-900 Petrópolis, RJ
www.vozes.com.br
Brasil

Todos os direitos reservados. Nenhuma parte desta obra poderá ser reproduzida
ou transmitida por qualquer forma e/ou quaisquer meios (eletrônico ou
mecânico, incluindo fotocópia e gravação) ou arquivada em qualquer sistema
ou banco de dados sem permissão escrita da editora.

CONSELHO EDITORIAL

Diretor
Gilberto Gonçalves Garcia

Editores
Aline dos Santos Carneiro
Edrian Josué Pasini
Marilac Loraine Oleniki
Welder Lancieri Marchini

Conselheiros
Francisco Morás
Ludovico Garmus
Teobaldo Heidemann
Volney J. Berkenbrock

Secretário executivo
Leonardo A.R.T. dos Santos

Diagramação: Sheilandre Desenv. Gráfico
Revisão gráfica: Nilton Braz da Rocha
Capa: WM design
Ilustração de capa: Quadro 6, caderno iconográfico de *Os arquétipos e o inconsciente
coletivo*. 11. ed. [OC 9/1]. Petrópolis: Vozes, 2014.

ISBN 978-85-326-6265-1 (Brasil)
ISBN 978-0-691-15051-2 (Estados Unidos)

Este livro foi composto e impresso pela Editora Vozes Ltda.

Sumário

Prefácio à edição de 2010, 7

I - O si-mesmo oculto, 11

II - Símbolos e interpretação dos sonhos, 87

Prefácio à edição de 2010[1]

Ler Jung após *O Livro Vermelho*

Com a publicação do *Liber Novus* – O Livro Vermelho[2] de Jung – inicia-se um novo capítulo na leitura das obras de Jung. Pela primeira vez, estamos em condições de compreender a constituição das obras de Jung de 1914 em diante e registrar as íntimas conexões entre sua autoexperimentação e suas tentativas de determinar os aspectos típicos deste processo através de seu trabalho com seus pacientes e traduzir suas intuições numa linguagem aceitável para um público médico e científico. Assim, ler o *Liber Novus* implica a tarefa de reler as *Obras Completas* de Jung – muitas das quais aparecem sob uma luz totalmente nova.

No inverno de 1913, Jung embarcou num processo de autoexperimentação. Deliberadamente deu rédeas ao seu pensamento baseado na fantasia e anotou cuidadosamente o resultado. Mais tarde deu a este processo o nome de "imaginação ativa". Registrou por escrito estas fantasias nos *Livros Negros*. Estes livros não são diários pessoais, mas antes os registros de uma autoexperimentação. Os diálogos que formam estas imaginações ativas podem ser considerados um tipo de pensamento em forma dramática.

---

1. Tradução de Gentil Avelino Titton.

2. C.G. JUNG. *O Livro Vermelho*. Edição e introdução de Sonu Shamdasani e tradução de Edgar Orth. Petrópolis: Vozes, 2010.

Quando estourou a Primeira Guerra Mundial, Jung considerou que diversas destas fantasias eram precognições deste evento. Isto o levou a compor o primeiro esboço do *Liber Novus*, que consistiu numa transcrição das principais fantasias dos *Livros Negros*, junto com uma camada de comentários interpretativos e elaboração lírica. Aqui Jung tentou deduzir destas fantasias princípios psicológicos gerais, como também entender até que ponto os acontecimentos retratados nas fantasias apresentavam, de forma simbólica, evoluções que iriam ocorrer no mundo.

Jung recopiou o manuscrito num manuscrito gótico floreado num grande volume in-fólio com capa de couro vermelha, ilustrado por ele com suas próprias pinturas. O tema geral do livro é o processo pelo qual Jung recupera sua alma e supera o mal-estar contemporâneo da alienação espiritual. Basicamente isto é alcançado possibilitando o renascimento de uma nova imagem de Deus em sua alma e desenvolvendo uma nova cosmovisão na forma de uma cosmologia psicológica e teológica.

Entre 1916 e 1928, Jung publicou diversas obras, nas quais tentou traduzir alguns dos temas do *Liber Novus* para a linguagem psicológica contemporânea. Em 1928, o sinólogo Richard Wilhelm enviou-lhe uma cópia do tratado alquímico taoista *O segredo da flor de ouro*, convidando-o a escrever um comentário. Impressionado com o paralelismo entre as imagens do texto e alguns dos seus próprios mandalas, Jung decidiu finalmente pôr de lado seu trabalho no *Liber Novus* e não publicá-lo. Em vez disso, dedicou-se ao estudo intercultural do processo de individuação, focalizando em particular a alquimia medieval, usando paralelos com seu próprio material como meio de apresentar o processo numa forma indireta e alegórica. Até hoje, isto tem apresentado tremendos desafios a leitores fora do círculo íntimo de Jung.

O si-mesmo oculto

No período posterior à Segunda Guerra Mundial, com o advento da Guerra Fria, a construção do Muro de Berlim e a explosão da bomba de hidrogênio, Jung encontrou-se mais uma vez confrontado com "um tempo dilacerado pelas imagens apocalípticas de uma destruição planetária"[3], como se encontrara quando compôs o *Liber Novus* durante a Primeira Guerra Mundial. Articulando ali um elo direto entre o que ocorria no indivíduo e na sociedade em geral, ele argumentou que a única solução para os acontecimentos aparentemente catastróficos no mundo era o indivíduo entrar em seu interior e resolver os aspectos individuais do conflito coletivo: "O espírito da profundeza quer que esta guerra seja entendida como uma divisão na própria natureza de cada pessoa"[4]. Em seu confronto pessoal, o esforço de Jung foi um esforço para resolver dentro de si mesmo os conflitos que se refletiam no cenário mundial. Em 1917, ele escreveu:

> Esta guerra mundial mostra implacavelmente que o homem civilizado ainda é um bárbaro. [...] *A psicologia do indivíduo corresponde à psicologia das nações.* As nações fazem exatamente o que cada um faz individualmente; *e do modo como o indivíduo age, a nação também agirá.* Somente com a transformação da atitude do indivíduo é que começará a transformar-se a psicologia da nação[5].

---

3. Cf. adiante § 488.

4. *O Livro Vermelho*, p. 253.

5. *Psicologia do inconsciente,* OC 7/1, p. 10.

Nos decênios seguintes, as tentativas de Jung de desenvolver uma psicologia e uma psicoterapia da individuação foram dedicadas a esta tarefa. Por volta dos anos de 1950, a história moderna mostrou que a difícil situação enfrentada pelo indivíduo era até mais grave do que em 1917. Em 1956, Jung retomou mais uma vez estes temas, numa pequena obra intitulada *Presente e futuro* (em alemão: *Gegenwart und Zukunft*). Articulando estes temas no contexto histórico contemporâneo, ele argumentou que só o autoconhecimento e a experiência religiosa poderiam fornecer resistência à sociedade totalitária de massa. Sob este aspecto, o indivíduo foi esquecido, por um lado, pela ciência moderna e, por outro, pela religião organizada. O que se fazia necessário era uma psicologia que facilitasse o autoconhecimento, reconectando os indivíduos com seus sonhos e com os símbolos que emergiam espontaneamente de dentro – o que foi o tema da última obra escrita de Jung, "Símbolos e interpretação dos sonhos", destinada a transmitir suas concepções ao público em geral.

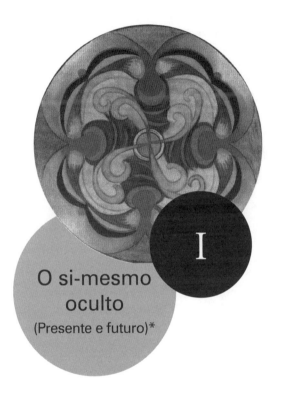

I
O si-mesmo oculto
(Presente e futuro)*

---

* Excertos retirados de C.G. Jung. *Presente e futuro* [OC, 10/1] – 7. ed. Petrópolis: Vozes, 2012, § 488-588, tradução de Márcia de Sá Cavalcante.

1. A ameaça que pesa sobre o indivíduo na sociedade moderna

O que nos reserva o futuro? Embora nem sempre com a mesma intensidade, esta pergunta preocupou a humanidade em todos os tempos. Historicamente, é sobretudo em épocas profundamente marcadas por dificuldades físicas, políticas, econômicas e espirituais que o ser humano volta seus olhos angustiados para o futuro e se multiplicam então as antecipações, utopias e visões apocalípticas. Lembremos, por exemplo, a época de Augusto, no início da era cristã, com suas expectativas milenaristas, ou as transformações sofridas pelo espírito ocidental ao final do primeiro milênio d.C. Às vésperas do ano 2000, vivemos hoje um tempo dilacerado pelas imagens apocalípticas de uma destruição planetária. O que significa o corte que divide a humanidade em dois lados e se exprime como uma "cortina de ferro"? O que poderá suceder a nossa cultura e a nossa própria humanidade se as bombas de hidrogênio vierem a ser detonadas, ou se as trevas do absolutismo de Estado chegarem a recobrir toda a Europa?

Não temos qualquer razão que nos permita considerar com superficialidade esta ameaça. Por toda parte do mundo ocidental já existem minorias subversivas e incendiárias prontas para entrar em ação, que gozam da proteção de nossa humanidade e de nossa consciência jurídica. Face à disseminação de suas ideias, nada podemos contrapor a não ser a razão crítica de uma certa camada da população, espiritualmente estável e consciente. Todavia, não se deve superestimar a força desta camada. Ela varia imensamente de um país para outro, dependendo, em cada região, da educação e formação próprias de seu povo e também dos efeitos provocados pelos fatores de destruição de natureza política e econômica. Baseados em plebiscitos, podemos estabelecer a estimativa otimista de que essa camada corresponde, no máximo, a 60% dos eleitores. Contudo, isso não desfaz uma visão mais pessimista, se considerarmos que o dom da razão e da reflexão crítica não constitui uma propriedade incondicional do homem. Mesmo onde existe, ele se mostra, muitas vezes, instável e oscilante, sobretudo quando os grupos políticos adquirem uma vasta penetração. Se o Estado de direito sucumbe, por exemplo, a um acesso de fraqueza, a massa pode esmagar a compreensão e reflexão ainda presentes em indivíduos isolados, levando fatalmente a uma tirania autoritária e doutrinária.

490

Uma argumentação racional é apenas possível e profícua quando as emoções provocadas por alguma situação não ultrapassam determinado ponto crítico. Pois quando a temperatura afetiva se eleva para além desse nível, a razão perde sua possibilidade efetiva, surgindo em seu lugar *slogans* e desejos quiméricos, isto é, uma espécie de possessão coletiva que, progressivamente, conduz a uma epidemia psíquica. Nestas condições, prevalecem todos os elementos da população que levam uma existência antissocial, tolerada pela ordem da razão. Esse tipo de indivíduo não é simplesmente uma curiosidade apenas vista nas prisões e nos hospícios. Em minha opinião, para cada caso manifesto de doença mental existem ao menos dez casos latentes que nem sempre chegam a se manifestar, mas cujas condutas e concepções encontram-se sob a influência de fatores inconscientes doentios e perversos, apesar de toda a aparência de normalidade. Evidentemente não podemos dispor de nenhuma estatística médica a respeito da frequência das psicoses latentes. Mas mesmo que o seu número fosse inferior a um décimo dos casos manifestos de doença mental e criminalidade, sua incidência relativamente baixa ainda significaria muito, em vista da alta periculosidade que esses elementos representam. O seu estado mental corresponde a um grupo da população que se acha coletivamente exaltado por preconceitos afetivos e fantasias de desejo impulsivas. Nessa espécie de ambiente, eles se sentem totalmente ajustados e em casa. Eles conhecem, por experiência própria, a linguagem desses estados e sabem lidar com eles. Suas quimeras, baseadas em ressentimentos fanáticos, fazem apelo para a irracionalidade coletiva, encontrando aí um solo frutífero, na medida em que exprimem certos motivos e ressentimentos também presentes nas pessoas normais, embora adormecidos sob o manto da razão e da compreensão. Esses indivíduos, apesar de constituírem um número pequeno em relação ao conjunto da população, representam um grande perigo, pois são fontes infecciosas sobretudo em razão do conhecimento muito limitado que as pessoas, ditas normais, possuem de si mesmas.

Normalmente confundimos "autoconhecimento" com o conhecimento da personalidade consciente do eu. Aquele que tem alguma consciência do eu acredita, obviamente, conhecer a si mesmo. O eu, no entanto, só conhece os seus próprios conteúdos, desconhecendo o inconsciente e seus respectivos conteúdos. O homem mede seu autoconhecimento através daquilo que o meio social sabe normalmente a seu respeito e não a partir do fato psíquico real que, na maior parte das vezes, é a ele desconhecido. Nesse sentido, a psique se comporta como o corpo em relação a sua estrutura fisiológica e anatômica, desconhecida pelo leigo. Embora o leigo viva nela e com ela, via de regra ele a desconhece. Tem então que recorrer a conhecimentos científicos específicos para tomar consciência, ao menos, do que é possível saber, desconsiderando o que ainda não se sabe, e que também existe.

492 O que comumente chamamos de "autoconhecimento" é, portanto, um conhecimento muito restrito na maior parte das vezes, dependente de fatores sociais – daquilo que acontece na psique humana. Por isso, ele muitas vezes tropeça no preconceito de que tal fato não acontece "conosco", "com a nossa família", ou em nosso meio mais ou menos imediato. Por outro lado, a pessoa se defronta com pretensões ilusórias sobre suposta presença de qualidades que apenas servem para encobrir os verdadeiros fatos.

493 O campo amplo e vasto do inconsciente, não alcançado pela crítica e pelo controle da consciência, acha-se aberto e desprotegido para receber todas as influências e infecções psíquicas possíveis. Como sempre acontece quando nos vemos numa situação de perigo, nós só podemos nos proteger das contaminações psíquicas quando ficamos sabendo o que nos está atacando, como, onde e quando isso se dá. Uma teoria, porém, que se limitasse estritamente a essa perspectiva seria de pouca valia para o autoconhecimento, já que este trata do conhecimento de fatos *individuais*. Quanto mais uma teoria pretende validade universal, menor a sua possibilidade de aplicação a uma conjuntura de fatos individuais. Toda teoria que se baseia na experiência é, necessariamente, estatística; ela estipula uma média ideal, que elimina todas as exceções, em cada extremidade da escala, em cima e embaixo, substituindo-as por um valor médio abstrato. Este valor figura na teoria como um fato fundamental e incontestável mesmo quando não ocorre sequer uma vez na realidade. As exceções numa ou noutra direção, embora reais,

não constam absolutamente dos resultados finais, uma vez que se anulam reciprocamente. Ao determinar, por exemplo, o peso de cada seixo no fundo de um rio e obter um valor médio de 145g, isto muito pouco me diz da verdadeira natureza da respectiva camada de seixos. Quem, baseando-se nessa conclusão, acreditasse poder encontrar, numa primeira amostra, um seixo de 145g, certamente, sofreria uma grande decepção. Pode mesmo acontecer de não encontrar uma só pedra com esse valor, por mais que procure.

O método estatístico proporciona um termo médio ideal de uma conjuntura de fatos, e não o quadro de sua realidade empírica. Embora possa fornecer um aspecto incontestável da realidade, pode também falsear a verdade factual, a ponto de incorrer em graves erros. Isso acontece, de modo especial, nas teorias baseadas em estatística. Os fatos reais, porém, evidenciam-se em sua individualidade; de certo modo, pode-se dizer que o quadro real se baseia nas exceções da regra, e a realidade absoluta, por sua vez, caracteriza-se predominantemente pela *irregularidade.* [494]

Em meio a essas observações, devemos lembrar que o nosso objetivo aqui é discutir as possibilidades de uma teoria capaz de constituir um fio condutor para o autoconhecimento. Não há e não pode haver autoconhecimento baseado em pressupostos teóricos, pois o objetivo desse conhecimento é um indivíduo, ou seja, uma exceção e uma irregularidade relativas. Sendo assim, não é o universal e o regular que caracterizam o indivíduo, mas o único. Ele não deve ser entendido como unidade recorrente, mas como algo único e singular que, em última análise, não pode ser comparado nem mesmo conhecido. O homem pode e deve inclusive ser descrito enquanto unidade estatística porque, do contrário, nenhuma característica geral lhe poderia ser atribuída. Para esse fim, ele deve ser considerado como uma [495] unidade comparável. Desse modo, tem início uma antropologia de validade universal e também uma psicologia segundo um quadro abstrato do homem médio que, para se constituir como tal, perde todos os seus traços singulares. Contudo, esses traços são justamente os mais importantes para a compreensão do homem. Se pretendo conhecê-lo em sua singularidade, devo abdicar de todo conhecimento científico do homem médio e renunciar a toda teoria de modo a tornar possível um questionamento novo e livre de preconceitos. Só posso empreender a tarefa da compreensão com a mente desembaraçada e livre (*vacua et libera mente*), ao passo que o conhecimento do homem requer sempre todo o saber possível sobre o homem em geral.

496   Quer se trate da compreensão de um ser humano ou do conhecimento de mim mesmo, devo abandonar, em ambos os casos, todos os pressupostos teóricos. E tenho consciência de, eventualmente, passar por cima do conhecimento científico. No entanto, considerando-se que o conhecimento científico goza não apenas de aceitação universal mas constitui a única autoridade para o homem moderno, a compreensão do indivíduo significa, por assim dizer, o *crimen laese maiestatis* (um crime de lesa-majestade) porque prescinde do conhecimento científico. Essa renúncia significa um grande sacrifício; de fato, a atitude científica não pode abrir mão da consciência de sua responsabilidade. Se o psicólogo em causa for um médico que não apenas pretende classificar seus pacientes segundo as categorias científicas, mas também deseja compreendê-los, ficará, em certas situações, exposto a uma colisão de direitos entre duas partes opostas e excludentes: de um lado, o conhecimento e, de outro, a compreensão. Esse conflito não se resolve com uma alternativa exclusiva – "ou ou" – e sim por uma via dupla do pensamento: fazer uma coisa sem perder a outra de vista.

Observando-se que, por princípio, as vantagens do co-   497
nhecimento redundam especificamente em desvantagem
para a compreensão, o julgamento decorrente pode se tornar um paradoxo. Para o julgamento científico, o indivíduo
constitui uma mera unidade que se repete indefinidamente
e pode ser igualmente expresso por uma letra ou um número. Para a compreensão, o homem em sua singularidade
consiste no único e no mais nobre objeto de sua investigação, sendo necessário o abandono de todas as leis e regras
que, antes de tudo, encontram-se no coração da ciência.
O médico principalmente deve ter consciência desta contradição. Por um lado, ele está equipado com as verdades
estatísticas de sua formação científica e, por outro lado, ele
se depara com a tarefa de cuidar de um doente que, principalmente no caso da doença mental, exige uma compreensão individual. Quanto mais esquemático o tratamento,
maiores as resistências no paciente e mais comprometida a
possibilidade de cura. O psicoterapeuta ver-se-á obrigado a
considerar a individualidade do paciente como fato essencial, a partir do qual deverá ajustar os métodos terapêuticos.
Hoje já tornou um consenso na medicina de que a tarefa
do médico consiste em tratar de uma pessoa doente e não
de uma doença abstrata que qualquer um poderia contrair.

O que acabo de discutir em relação à medicina é apenas   498
um caso específico dentre os problemas mais gerais da educação e da formação. Uma formação em princípio científica baseia-se, essencialmente, em verdades científicas e em
conhecimentos abstratos que transmitem uma cosmovisão
irreal, embora racional, em que o indivíduo, como fenômeno marginal, não desempenha nenhum papel. Mas o indivíduo, como um dado irracional, é o verdadeiro portador da
realidade, é o homem concreto em oposição ao homem ideal
ou "normal" irreal, ao qual se referem as teses científicas.

Deve-se ainda acrescentar que as ciências naturais, em particular, sempre têm a pretensão de apresentar seus resultados de pesquisa como se estes pudessem ser alcançados sem a intervenção do homem, isto é, sem a componente indispensável da psique. (Uma exceção a essa regra é o reconhecimento, na física moderna, de que o observador e o fato observado não são independentes.) As ciências naturais, em oposição às "humanidades", impõem, portanto, uma imagem do mundo que exclui a psique humana real.

499 Sob a influência dos pressupostos científicos, tanto a psique como o homem individual, e na verdade qualquer acontecimento singular, sofrem um nivelamento e um processo de deformação que distorce a imagem da realidade e a transforma em média ideal. Entretanto, não podemos subestimar o efeito psicológico da imagem estatística do mundo: ela reprime o fator individual em favor de unidades anônimas que se acumulam em formações de massa. Em lugar da essência singular concreta, surgem nomes de organizações e, no ápice desse processo, o conceito abstrato do Estado enquanto princípio da realidade política. É inevitável, então, que a responsabilidade moral do indivíduo seja substituída pela razão do Estado. Em lugar da diferenciação moral e espiritual do indivíduo, aparecem os serviços públicos e a elevação do padrão de vida. O sentido e a finalidade da vida individual (a única vida real!) não repousam mais sobre o desenvolvimento individual, mas sobre uma razão de Estado, imposta de fora para dentro do homem, ou seja, na objetivação de um conceito abstrato cuja tendência é colocar-se como a única instância de vida. A decisão moral e a conduta de vida são, progressivamente, retiradas do indivíduo que, encarado como unidade social, passa a ser administrado, nutrido, vestido, formado, alojado e divertido em alojamentos próprios, organizados segundo a satisfação da

massa. Os administradores, por sua vez, constituem também unidades sociais, com a diferença apenas de que são os defensores especializados da doutrina do Estado. Para essa função não são necessárias personalidades com grande capacidade de discernimento, mas somente especialistas que nada mais saibam fazer senão coisas de sua especialidade. A razão de Estado decide o que se deve ensinar e aprender.

A doutrina do Estado, aparentemente onipotente, é manipulada em nome da razão de Estado pelos representantes mais altos do governo que concentram em si todo o poder. Aquele que alcança tais posições, quer pelo voto, quer pela força, não depende mais de nenhuma instância superior, visto que ele é a própria razão de Estado, podendo proceder, em meio às possibilidades apresentadas, segundo critérios pessoais. Ele poderia afirmar ao lado de Luís XIV: *L'état c'est moi* (O Estado sou eu). Sendo assim, ele é o único ou, pelo menos, um dos poucos indivíduos que poderiam fazer uso de sua individualidade, caso soubessem como não se identificar com a doutrina de Estado. É bem mais provável, porém, que os dirigentes sejam escravos de suas próprias ficções. Essa espécie de unidimensionalidade é sempre compensada por tendências inconscientes subversivas. Escravidão e rebelião são duas faces inseparáveis da mesma moeda. Todo organismo é perpassado, de ponta a ponta, pela inveja do poder e pela desconfiança. Além disso, para compensar a sua caótica falta de identidade, uma massa pode gerar um "líder" que infalivelmente se torna vítima de sua consciência do eu inflada e do qual a história nos oferece inúmeros exemplos.

Esse tipo de desdobramento se torna possível no momento em que o indivíduo se massifica, tornando-se obsoleto. Além das aglomerações de grandes massas humanas nas quais o indivíduo, mais cedo ou mais tarde, desaparece, um dos principais fatores da massificação é o racionalismo científico. Este deita por terra os fundamentos e a dignidade da vida individual ao retirar do homem a sua individualidade, transformando-o em unidade social e num número abstrato da estatística de uma organização. Nesse contexto, o indivíduo só desempenha o papel de unidade substituível e infinitesimal. Do ponto de vista racional e exterior, não se consegue mais imaginar como se poderia atribuir alguma dignidade à vida humana individual e chega mesmo a se tornar ridículo falar de valor ou sentido do indivíduo, dada a evidência da verdade que se lhe contrapõe.

502   O indivíduo, portanto, nesse horizonte, possui uma importância mínima. É uma espécie em extinção. Quem ousar afirmar o contrário sofrerá imensos embaraços em sua argumentação. O fato de o indivíduo atribuir importância à sua própria pessoa, aos membros de sua família e aos amigos e conhecidos que compõem o seu meio somente comprova a estranha subjetividade de seu sentimento. Na verdade, o que significam esses poucos em comparação com os dez mil, cem mil ou milhões que o rodeiam? Isso me lembra a opinião de um estimado amigo que encontrei, certa vez, no meio de uma multidão de mais de dez mil pessoas. Subitamente, ele se virou e disse: "Aí está a prova mais convincente contra a crença na imortalidade: *toda esta gente* quer ser imortal!"

503   Quanto maior a multidão, mais "indigno" o indivíduo. Quando este, esmagado pela sensação de sua insignificância e impotência, vê que a vida perdeu sentido – que afinal não é a mesma coisa que bem-estar social e alto padrão de vida – encontra-se a caminho da escravidão do Estado e, sem saber nem querer, tornou-se seu prosélito. Aquele que só admite olhar a partir de uma perspectiva externa e dos grandes números nada possui que possa defendê-lo do testemunho de seus sentidos e de sua razão. É precisamente isso que todo

mundo faz: deixar-se fascinar e subjugar pelas verdades estatísticas e pelas grandes cifras e ser, diariamente, doutrinado acerca da unidade e impotência da personalidade singular devido a sua incapacidade de representar e personificar uma organização de massa. Por outro lado, o indivíduo que entre em cena à vista de todos e faz ouvir sua voz às multidões, parece, ao ver do público sem senso crítico, sustentado por determinado movimento de massa ou pela opinião pública, que então o aceita ou combate. Como, em geral, predomina a sugestão de massa, não fica muito evidente se a sua mensagem é dele mesmo, pela qual tem responsabilidade pessoal, ou se funciona apenas como porta-voz da opinião coletiva.

Nessas circunstâncias, compreende-se que o juízo individual seja cada vez mais inseguro de si mesmo e que a responsabilidade seja coletivizada ao máximo: o indivíduo renuncia a julgar, confiando o julgamento a uma corporação. Com isso, o indivíduo se torna, cada vez mais, uma função da sociedade que, por sua vez, reivindica para si a função de único portador real da vida, mesmo que, no fundo, não passe de uma ideia assim como o Estado. Ambos são hipostasiados, ou seja, tornam-se autônomos. E, desse modo, transformam-se numa personalidade quase viva, da qual tudo se pode esperar. Na verdade, o Estado representa uma camuflagem para todos os indivíduos que sabem manipulá-lo. O Estado de direito resvala para a situação de uma forma primitiva de sociedade, isto é, do comunismo das tribos primitivas sujeitas à autocracia de um chefe ou de uma oligarquia.

2. A religião como contrapeso à massificação

Para libertar a ficção do Estado soberano – isto é, os caprichos dos chefes que o manipulam – de qualquer restrição salutar, todos os movimentos sociopolíticos que tendem nesta direção invariavelmente procuram minar as bases da religião. Para que o indivíduo se transforme em função do Estado é preciso eliminar quaisquer outras dependências e condicionamentos a dados irracionais. A religião significa dependência e submissão aos dados irracionais. Estes não estão diretamente relacionados às condições físicas e sociais, mas sobretudo à atitude psíquica do indivíduo.

506 No entanto, uma atitude ante as condições externas da existência só é possível se existir um ponto de vista alheio a elas. As religiões oferecem esta base ou, ao menos, tentam oferecer e, com isso, propiciam ao indivíduo a possibilidade de julgar e tomar suas decisões com liberdade. Elas significam uma reserva diante da pressão inevitável e patente das condições externas, às quais se entrega todo aquele que vive apenas para o mundo exterior e não possui, dentro de si, qualquer ponto de apoio. Para ele, a realidade estatística, quando existe, é a única autoridade. Na existência de apenas *uma* condição, e nenhuma outra, a liberdade de julgamento e decisão revela-se supérflua e mesmo impossível. O indivíduo fatalmente passa a constituir uma função estatística e, em consequência, uma função do Estado, ou qualquer outro nome que se use para exprimir o princípio abstrato de ordenamento.

507 As religiões, porém, ensinam uma outra autoridade oposta à do "mundo". A doutrina que ensina que o indivíduo depende de Deus representa uma exigência tão grande sobre ele quanto a do mundo. Pode até acontecer que o homem acate essa exigência de maneira tão absoluta a ponto de se alienar do mundo da mesma forma que o indivíduo se aliena de si mesmo quando sucumbe à mentalidade coletiva. Tanto num caso quanto no outro, o indivíduo pode perder sua capacidade de julgar e decidir-se livremente. A isto tendem, manifestamente, as religiões quando não se comprometem com o Estado. Neste caso, prefiro falar, de

acordo com o uso corrente, de "confissão" e não de "religião". A confissão admite uma certa convicção coletiva, ao passo que a religião exprime uma relação subjetiva com fatores metafísicos, ou seja, extramundanos. A confissão compreende, sobretudo, um credo voltado para o mundo em geral, constituindo, assim, uma questão intramundana. Já o sentido e a finalidade da religião consistem na relação do indivíduo com Deus (cristianismo, judaísmo, islamismo) ou no caminho da redenção (budismo). Esta é a base fundamental de suas respectivas éticas que, sem a responsabilidade individual perante Deus, não passariam de moral e convenção.

As confissões, enquanto compromissos com a realidade mundana, evoluíram, consequentemente, para uma crescente codificação de suas visões, doutrinas e usos. E assim se exteriorizaram de tal maneira que o elemento religioso verdadeiro nelas – a relação viva e o confronto imediato com o ponto de referência extramundano delas – foi posto, na verdade, num plano secundário. O ponto de vista confessional toma a doutrina tradicional como parâmetro para o valor e o significado da referência religiosa subjetiva. E mesmo quando isso não é tão frequente (como no caso do protestantismo), fala-se de pietismo, sectarismo, fanatismo etc., quando alguém se diz guiado pela vontade de Deus. A confissão coincide com a Igreja oficial ou, pelo menos, constitui-se como uma instituição pública, à qual pertencem não apenas os fiéis, mas também um grande número de pessoas indiferentes à religião, que se integram por simples hábito. Aqui torna-se visível a diferença entre confissão e religião.

Pertencer a uma confissão, portanto, nem sempre implica uma questão de religiosidade mas, sobretudo, uma questão social que nada pode acrescentar à estruturação do indivíduo. Esta depende da relação do indivíduo com uma instância não mundana. Seu critério não é o credo, e sim o fato psicológico segundo o qual a vida do indivíduo não pode ser determinada somente pelo eu e suas opiniões ou por fatores sociais, mas igualmente por uma autoridade transcendente. O que fundamenta a autonomia e a liberdade do indivíduo, antes de qualquer máxima ética ou confissão ortodoxa, é única e exclusivamente a consciência empírica, ou seja, a experiência unívoca de uma dinâmica de relacionamento pessoal entre o homem e uma instância extramundana que se apresenta como um contrapeso ao "mundo e sua razão".

510   Essa afirmação não satisfaz, de modo algum, nem àquele que se sente unidade de uma massa, nem ao que professa uma crença coletiva. No primeiro caso, a razão de Estado é o princípio superior de todo pensamento e ação e todo esclarecimento deve servir aos seus propósitos. Em consequência, o indivíduo só recebe direito de existência enquanto uma função do Estado. O segundo, por sua vez, embora conceda ao Estado uma exigência moral e factual, possui a convicção de que não só o homem mas também o Estado estão sujeitos ao domínio de Deus, pertencendo incontestavelmente a Deus e não ao Estado, a instância última de decisão. Como prefiro me abster de qualquer tipo de julgamento metafísico, deixo em suspenso se o "mundo", ou seja, o mundo externo ao homem e, assim, a natureza em geral, estabelece ou não uma oposição a Deus. Faço apenas a observação de que a oposição psicológica entre esses dois campos da experiência não é atestada somente no *Novo Testamento*, sendo também visível hoje na atitude negativa dos Estados ditatoriais com relação à religião e, na própria Igreja, com relação ao ateísmo e ao materialismo.

511   Como ser social, o homem não pode permanecer desligado da sociedade por muito tempo. Por isso o indivíduo só

pode encontrar o seu direito de existência e sua autonomia, tanto moral como espiritual, num princípio extramundano, capaz de relativizar a influência extremamente dominadora dos fatores externos. O indivíduo que não estiver ancorado em Deus não conseguirá opor nenhuma resistência ao poder físico e moral do mundo, apoiando-se apenas nos seus próprios meios. Para concretizar essa resistência, o homem precisa da evidência transcendente de sua experiência interior, pois esta constitui a única possibilidade de se proteger da massificação. A mera compreensão intelectual ou moral do embrutecimento e irresponsabilidade do homem massificado, enquanto constatação negativa, não passa, infelizmente, de hesitação no caminho da atomização do indivíduo. Falta-lhe a força da convicção religiosa, pois esta compreensão é apenas racional. A grande vantagem do Estado ditatorial em relação à razão do cidadão é a sua capacidade de engolir juntamente com o indivíduo as suas forças religiosas. O Estado ocupa o lugar de Deus. Nessa perspectiva, as ditaduras socialistas são religiões, e a escravidão do Estado, uma espécie de culto. Esse tipo de deslocamento e falsificação da função religiosa, na verdade, não acontece sem o surgimento de dúvidas secretas, que são imediatamente reprimidas de modo a evitar o conflito com a tendência dominante de massificação. Como fator de hipercompensação, surge então o *fanatismo* que se transforma, por sua vez, na mais poderosa alavanca da repressão e extermínio de toda oposição. A liberdade de opinião e a decisão moral são violentamente eliminadas. O fim então justifica os meios, mesmo os mais condenáveis. A razão de Estado é exaltada como um credo e o líder ou o chefe de Estado passa a semideus, para além do bem e do mal, da mesma maneira que os sectários se transformam em heróis, mártires, apóstolos ou missionários. Somente existe *uma* verdade e fora dela nenhuma outra. É inviolável e acima da crítica. Quem pensa de maneira diferente é um herege sobre o qual pairam, segundo os moldes bem conhecidos de nossa tradição, as ameaças mais terríveis. E isso porque só aquele que tem nas mãos o poder do Estado pode legitimamente interpretar sua doutrina como bem lhe aprouver.

512 A partir do momento em que, no processo de massificação, o indivíduo se transforma em unidade social, em um x ou y, e o Estado em princípio superior, a função religiosa do homem, consequentemente, é arrastada por esse mesmo turbilhão. A religião, no sentido da observação cuidadosa e consideração de certos fatores invisíveis e incontroláveis, constitui um *comportamento instintivo* característico do homem, cujas manifestações podem ser observadas ao longo de toda a história da cultura. Sua finalidade explícita é preservar o equilíbrio psíquico do homem, pois ele sabe de maneira espontânea que sua função consciente pode ser perturbada, de uma hora para outra, por fatores incontroláveis, tanto de natureza exterior como interior. Dessa maneira, o homem sempre cuidou para que toda decisão grave fosse, de certo modo, sustentada por medidas religiosas. Nascem, assim, os sacrifícios para honrar as forças invisíveis, as bênçãos e demais gestos rituais. Sempre, e em toda parte, existiram "rites d'entrée et de sortie" (ritos de entrada e de saída) que, para os racionalistas distantes da psicologia, não passam de superstição e magia. No entanto, a magia é, em seu fundamento, um efeito psicológico que não deve ser subestimado. A realização de um ato "mágico" proporciona ao homem uma sensação de segurança, extremamente importante para uma tomada de decisão. Toda decisão e resolução necessitam dessa segurança, pois elas sempre pressupõem uma certa unilateralidade e exposição. O próprio ditador, para executar seus atos, não pode

se valer apenas das ameaças, precisando encenar o poder com grande pompa. Nesse sentido, as marchas militares, as bandeiras, faixas, paradas e comícios não diferem muito das procissões, tiros e fogos de artifício usados para expulsar os demônios. A diferença entre essas representações religiosas e os aparatos do Estado reside no fato de que a sugestiva encenação do poder estatal cria uma sensação de segurança coletiva que, no entanto, não oferece ao indivíduo nenhum tipo de proteção contra os demônios internos. Quanto mais o indivíduo se enfraquece, mais se agarra ao poder estatal, isto é, mais se entrega espiritualmente à massa. E do mesmo modo que a Igreja, o Estado ditatorial exige entusiasmo, abnegação e amor, cultivando o necessário terror à semelhança do temor de Deus que as religiões exigem ou pressupõem.

Quando o racionalista investe contra o fundamento miraculoso do rito, tal como afirmado na tradição, ele, na verdade, erra completamente o alvo. Apesar de desconsiderarem o aspecto mais importante, ou seja, o efeito psicológico, tanto um quanto o outro se servem desse efeito para fins opostos. Uma situação análoga também se oferece com respeito aos seus objetivos: o objetivo religioso que, inicialmente, configura-se como a redenção do mal, a conciliação com Deus e a recompensa de um mundo transcendente, transforma-se na promessa terrestre da libertação da pobreza, da distribuição igualitária dos bens materiais, da prosperidade no futuro e da diminuição do tempo de trabalho. Uma outra analogia se apresenta no fato de essas promessas serem tão inalcançáveis quanto o paraíso. Isto reforça o fato de que as massas deixaram um objetivo extramundano para abraçarem uma crença exclusivamente terrena, exaltada exatamente com o mesmo ardor e exclusividade das confissões religiosas, embora numa outra direção.

514   Para não me repetir desnecessariamente, não pretendo descrever, ainda mais, todos os paralelos existentes entre a crença neste mundo e a crença no outro. Contento-me apenas em salientar que uma função natural e sempre presente como a função religiosa não desaparece com a crítica racionalista e iluminista. Sem dúvida, pode-se considerar impossíveis os conteúdos das doutrinas confessionais e até ridicularizá-los, mas com isso não se consegue absolutamente nada contra a função religiosa que constitui a base das confissões. A religião, no sentido de consideração consciente dos fatores irracionais da alma e do destino individual, ressurge sempre de novo e, dessa vez, na pior das distorções – o endeusamento do Estado e do ditador: *Naturam expellas furca tamen usque recurret* (Por mais que jogues fora a natureza por meio da força, ela sempre retorna). Os líderes e ditadores tentam escamotear o paralelismo evidente com o endeusamento dos césares, escondendo, sob o manto do Estado, sua onipotência real, o que não altera, de modo algum, a essência de seu gesto[6].

515   Como já mencionei anteriormente, o Estado ditatorial mina de tal forma as bases do indivíduo que, não reconhecendo seus direitos e sua força espiritual, rouba o próprio fundamento metafísico de sua existência. Não há mais lugar para a decisão ética do homem singular, apenas para a comoção cega de uma massa obnubilada, onde a mentira passa a constituir o princípio próprio das ações políticas. A existência de milhões de escravos do Estado, destituídos de qualquer direito, demonstra como o Estado leva esta situação às últimas consequências.

---

6. Desde a redação deste texto na primavera de 1956, tornou-se notória na Rússia uma sensibilidade ante tal escândalo.

Tanto o Estado ditatorial quanto a religião confessional 516
reforçam, de maneira especial, a ideia de comunidade. Este
é o ideal básico do *comunismo* que, no entanto, devido à
forma como é imposto ao povo, gera justamente o contrário do efeito desejado, ou seja, um Estado de desconfiança
e separação. A *Igreja*, não menos que o Estado, também faz
apelo ao ideal comunitário e quando sua fraqueza é visível
como no caso do protestantismo, a penosa falta de coesão é
compensada pela esperança e fé numa "vivência comunitária". Como se pode perceber, a "comunidade" é um instrumento indispensável para a organização das massas, constituindo, no entanto, uma faca de dois gumes. Assim como
a soma de dois zeros jamais resulta em um, o valor de uma
comunidade corresponde à média espiritual e moral dos indivíduos nela compreendidos. Por isto, não se pode esperar
da comunidade qualquer efeito que ultrapasse a sugestão do
meio, ou seja, uma modificação real e fundamental dos indivíduos, quer numa boa ou numa má direção. Esses efeitos
só podem ser esperados do intercâmbio pessoal entre os homens, e não dos batismos em massa comunistas ou cristãos
que não conseguem atingir o homem em sua interioridade.
Os acontecimentos contemporâneos nos mostraram como
a propaganda comunitária é superficial. O ideal comunitário desconsidera o homem singular que, em última instância, é quem responde às suas exigências.

3. O posicionamento do Ocidente diante da questão da religião

No século XX da era cristã, o mundo ocidental enfrenta 517
esse desenvolvimento, trazendo consigo a herança do direito romano, o legado da ética metafísica de bases judeu-cris-
tãs e o eterno ideal dos direitos humanos. Em meio a todos

esses elementos, surge, de maneira hesitante mas premente, a questão: como seria possível parar esse desenvolvimento ou mesmo fazê-lo regredir? Embora se possa denunciar a ditadura social como uma utopia ou julgar seus princípios econômicos irracionais, um tal julgamento, no entanto, é insignificante e até incorreto se considerarmos que, em primeiro lugar, o Ocidente só é capaz de julgar tendo por opositor a ele mesmo, o que significa que seus argumentos são ouvidos apenas do lado de cá da cortina de ferro; em segundo lugar, qualquer princípio econômico pode sempre ser utilizado, desde que se admitam os sacrifícios necessários. Todo tipo de reforma social ou econômica pode ser empreendido quando se tem três milhões de camponeses famintos ou alguns milhões que compõem uma força de trabalho grátis à disposição. Na verdade, um Estado nessas condições não precisa temer uma crise social ou econômica. Enquanto o seu poder estatal permanecer inquestionável, ou seja, for sustentado por uma polícia e exército bem disciplinados e nutridos, esse tipo de forma de governo assegurará sua existência por muito tempo, podendo inclusive se fortalecer num grau indeterminado. Ele pode, sem muita dificuldade, aumentar a quantidade da força de trabalho não remunerado em função do crescimento desenfreado de sua população e desconsiderar o mercado mundial que depende, em larga escala, do salário, mantendo-se, não obstante, na concorrência. O único perigo real que pode sofrer é uma ameaça externa, uma invasão. Todavia, esse risco vem diminuindo paulatinamente porque o potencial de guerra dos Estados ditatoriais cresce desmesuradamente e o Ocidente não poderia permitir que, através de um ataque, fossem despertados o nacionalismo e o chauvinismo latentes na Rússia e na China, o que desviaria, de maneira irremediável, para falsos caminhos sua iniciativa bem-intencionada.

Pelo que podemos observar, resta apenas uma possibili- 518
dade: uma dissolução interna do poder estatal, que deve, no
entanto, ficar entregue a sua própria evolução. Uma ajuda
externa parece, ao menos por enquanto, ilusória, considerando-se as medidas de segurança existentes e o perigo de
reações nacionalistas. Do ponto de vista da política externa,
o Estado absoluto dispõe de um exército de missionários
fanáticos. E, além disso, pode contar com uma quinta-colu-
na que a ordem de direito dos Estados ocidentais não é capaz de reprimir. O grande número de comunidades de seus
fiéis, crescente em muitos lugares no Ocidente, significa,
nesse sentido, um enfraquecimento considerável da decisão dos Estados ocidentais. Por outro lado, uma influência
equivalente do Ocidente permanece invisível e inconstatá-
vel, embora se possa admitir uma certa oposição nas massas
populares do Leste. Sempre existem pessoas íntegras e verdadeiras que odeiam a mentira e a tirania. Contudo, foge
inteiramente a nossa capacidade de avaliação decidir se, sob
um regime policial, elas poderiam exercer uma influência
decisiva sobre as massas[7].

Em razão desses fatos, sempre de novo surge no Oci- 519
dente a pergunta: o que podemos fazer contra essa ameaça?
Apesar do considerável poder econômico e do significante
potencial de defesa, o Ocidente não pode absolutamente
contentar-se com a simples consciência desse estado de coisas, pois, como sabemos, os melhores armamentos, as in-
dústrias mais potentes e o elevado padrão de vida não são
suficientes para conter a infecção psíquica provocada por
um fanatismo religioso. Os homens sempre estão insatisfei-
tos. Mesmo que todo trabalhador possua seu próprio carro

---

7. Como se poderia prever, essa oposição pode ser observada nos acontecimentos recentes ocorridos na Polônia e na Hungria.

ele ainda será um proletário inferiorizado, pois outros possuirão dois carros ou um banheiro a mais na casa.

520 No Ocidente, infelizmente, não se costuma atentar para o fato de que nosso apelo ao idealismo e à razão, ou a quaisquer outras virtudes desejáveis, desaparece no vazio, mesmo quando defendido com entusiasmo. É como um sopro muito leve contra a torrente da fé religiosa, apesar de esta nos parecer distorcida. Não nos encontramos aqui diante de fatos que poderiam ser dominados com argumentos racionais ou morais. Trata-se, bem mais, do espírito de uma época que se caracteriza pelo desencadeamento de ideias e forças emocionais que, como nos mostra a experiência, não se deixam influenciar por reflexões racionais nem por exortações morais. Muitos lugares já adquiriram a justa compreensão de que o antídoto estaria, nesse caso, numa outra fé, igualmente poderosa, e não numa atitude materialista, e que uma atitude religiosa, nela fundada, constituiria a única proteção efetiva contra o perigo de uma contaminação psíquica. Entretanto, o condicional ("deveria", "poderia") que jamais deixa de estar presente nesse contexto indica uma certa fraqueza ou mesmo a ausência de uma convicção necessária. O Ocidente não apenas se ressente de uma fé uniforme, capaz de obstruir o caminho para uma ideologia fanática, como chega a se servir, enquanto pai da filosofia marxista, dos mesmos pressupostos espirituais e dos mesmos argumentos e objetivos. Embora as Igrejas no Ocidente gozem, em geral, de inteira liberdade, elas não estão menos cheias ou vazias do que no Leste. Contudo, elas não exercem nenhuma influência significativa sobre o universo da política. A grande desvantagem da confissão, no sentido de uma instituição pública, é justamente o fato de servir ao mesmo tempo a dois senhores. De um lado, ela nasce da relação do homem com Deus e, de outro, tem obrigações

para com o Estado, isto é, o mundo, o que nos faz pensar na frase "Dai a César o que é de César, e a Deus, o que é de Deus" e nas demais exortações do Novo Testamento.

Nos tempos antigos, e relativamente até bem pouco tempo, falava-se de uma "autoridade constituída por Deus". Hoje, isso nos parece bastante antiquado. As Igrejas representam convicções tradicionais e coletivas que, para a grande maioria de seus adeptos, não mais se baseiam na própria experiência interior, e sim na fé irrefletida que rapidamente desaparece, tão logo se pense com mais profundidade sobre o seu sentido. O conteúdo da fé entra em conflito com o saber, evidenciando-se, desse modo, que a irracionalidade de uma nem sempre supera a razão da outra. Na realidade, a fé não é uma substituição suficiente da experiência interior e, quando esta inexiste, até mesmo uma fé forte pode, enquanto um *donum gratiae* (dom da graça), aparecer e desaparecer como por encanto. Designa-se a fé como a autêntica experiência religiosa mas não se leva em conta que ela é, mais propriamente, um fenômeno secundário que depende de um acontecimento primeiro, em que algo nos atinge e inspira a *pístis*, isto é, lealdade e confiança. Essa vivência tem um conteúdo específico que se interpreta no sentido da doutrina confessional. Quanto mais é interpretado nesse sentido, maiores as possibilidades de conflito com o saber. A concepção confessional é, na verdade, muito antiga e dotada de um simbolismo impressionante e mitológico que, literalmente, leva a uma oposição radical com o saber. Contudo, se compreendermos, por exemplo, a ressurreição de Cristo de maneira simbólica e não literal, obteremos interpretações diversas que não entram em choque com o saber nem prejudicam o sentido da afirmação. A objeção de que uma compreensão simbólica poderia destruir a esperança dos cristãos na imortalidade, representada pela vinda de Cristo, é infundada, uma vez que a humanidade, bem antes do cristianismo, já acreditava numa vida depois da morte e, assim, não precisava do acontecimento pascal para garantir essa esperança. O perigo do exagero de literalidade na compreensão da mitologia, que pervade toda a doutrina da Igreja, pode culminar na sua recusa absoluta. E hoje ele é maior do que nunca. Já não seria hora de se entender de modo simbólico, definitivamente, os mitologemas cristãos, ao invés de negá-los?

522   Ainda não se pode ver de modo preciso as consequências que poderiam advir de um conhecimento mais geral a respeito do paralelismo fatal entre a religião eclesiástica e a religião de Estado marxista. A exigência de caráter absoluto, representada pelo homem, da *civitas Dei* é, infelizmente, muito semelhante à "divindade" do Estado. A consequência moral que um Inácio de Loyola deduz da autoridade da Igreja ("o fim santifica os meios") antecipa a mentira como instrumento político do Estado, de maneira muito perigosa. Tanto um como outro propiciam, por fim, a submissão incondicional à fé, restringindo, portanto, a liberdade do homem perante Deus e diante do Estado, cavando a sepultura do indivíduo. A existência esmagada desse único portador de vida que conhecemos se vê ameaçada por todos os lados, apesar da promessa de uma existência ideal. Quantos, na verdade, poderiam opor uma resistência ativa e duradoura à sabedoria popular que afirma: "Mais vale um pássaro na mão do que dois voando"? Ademais, o Ocidente cultiva a mesma *Weltanschauung* "científica" e racionalista da religião de Estado do Leste, caracterizada pela tendência ao nivelamento estatístico e aos fins materialistas.

523   O que o Ocidente, com suas cisões políticas e confessionais, pode oferecer ao indivíduo moderno a fim de aliviar suas aflições? Infelizmente nada, a não ser alguns caminhos

cuja finalidade única é muito semelhante ao ideal marxista. O entendimento não necessita de um esforço especial para reconhecer onde a ideologia comunista assenta a certeza e a convicção de que o tempo trabalha a seu favor e que o mundo se encontra maduro para uma conversão. Os fatos falam, nesse sentido, uma linguagem bem precisa. De nada ajudaria ao Ocidente fechar os olhos para essa realidade e se recusar a perceber sua vulnerabilidade fatal. Quem foi sempre ensinado a se submeter incondicionalmente a uma fé coletiva e a abdicar do eterno direito de sua liberdade e do respectivo dever de sua responsabilidade individual permanecerá na mesma atitude, com a mesma fé e falta de crítica, enveredar-se para uma direção oposta ou substituir o idealismo confessado por outra convicção, mesmo considerada "melhor". O que aconteceu, há não muito tempo, com um dos povos da cultura europeia? Costuma-se acusar o povo alemão de ter esquecido tudo o que houve. Mas nada garante que algo semelhante também não pudesse ter ocorrido em outros lugares. Não seria de admirar se uma outra nação fosse contaminada por uma convicção igualmente uniforme e unilateral. Façamos então a seguinte pergunta: Que países têm os maiores partidos comunistas? Os Estados Unidos – o *quae mutatio rerum* (quem te viu e quem te vê!) – que são, propriamente, a espinha dorsal da política europeia, parecem imunes a esse perigo devido à posição tão expressamente contrária que representam. Mas talvez eles estejam ainda mais expostos a essa ameaça do que a Europa, porque a formação e educação encontram-se sob a forte influência da *Weltanschauung* científica e das verdades estatísticas e a miscigenação de raças heterogêneas encontra dificuldades na criação de raízes num solo sem história. A formação histórica e humanística, tão imprescindível nessas circunstâncias, acaba radicalizando, na América do Norte, uma existência feita de cinzas. A Europa possui os requisitos dessa formação, embora os utilize para seu próprio prejuízo, na forma de egoísmos nacionalistas e de um ceticismo paralisador. Ambos se orientam por objetivos materialistas e coletivistas, faltando-lhes justamente aquilo que exprime e dimensiona o homem em sua totalidade, aquilo que coloca o homem individual como medida de todas as coisas.

524 Estas ideias suscitam, em toda parte, fortes dúvidas e resistências e pode-se mesmo dizer que a única convicção realmente aceita de maneira ampla e irrestrita é a desvalorização do indivíduo em comparação com os grandes números. Costuma-se afirmar que, a partir de agora, o mundo moderno é o mundo do homem, ele é quem domina o ar, a água e a terra e que o destino histórico dos povos depende da sua decisão e vontade. Esse retrato tão orgulhoso da grandeza humana infelizmente não passa de uma grande ilusão que rapidamente se desfaz diante de uma realidade tão diversa. Na realidade, o homem é escravo e vítima das máquinas que lhe arrancam seu tempo e espaço; a técnica de guerra, que deveria proteger e defender sua existência física, o reprime e ameaça; a liberdade espiritual e moral, embora ameaçada pela desorientação e pelo caos, está garantida dentro do possível apenas numa parte do seu mundo, enquanto que na outra já foi totalmente aniquilada. Por fim – onde a comédia termina em tragédia – o senhor dos elementos, essa instância de todas as decisões, cultiva uma série de ideias e concepções que selam de modo indigno sua dignidade e transformam sua autonomia em simples quimera. Todos os progressos, realizações e propriedades não o fazem grande, ao contrário, o diminuem. Isso é comprovado pelo destino do trabalhador no regime de distribuição "justa" dos bens: ele paga com o prejuízo de sua própria pessoa a sua participação na fábrica; troca sua liberdade

de movimento pelo aprisionamento no local de trabalho; emprega todos os meios de que dispõe para melhorar seu posto, se não quiser se deixar explorar por um trabalho de empreitada esgotante; e quando sente o apelo de qualquer exigência espiritual, recebe prontas as sentenças de fé políticas e o suplemento de algum saber especializado. Ademais, um teto sobre a cabeça e a forragem diária do gado não são coisas desprezíveis quando as necessidades vitais podem ser reduzidas de um momento para outro.

4. A autocompreensão do indivíduo

É espantoso que o homem, causador, descobridor e veículo de tantos desenvolvimentos, autor de todos os julgamentos e decisões e planejador do futuro, tenha feito de si mesmo uma *quantité négligeable*. A contradição e o paradoxo sempre inerentes à avaliação que o homem faz de sua própria essência constituem uma questão surpreendente, que desfaz as bases do julgamento comum, na medida em que faz a constatação de que o próprio homem é um enigma. Isso fica ainda mais explícito na falta de parâmetros necessários para o autoconhecimento. Ele é capaz de estabelecer com clareza as distinções entre si e os outros animais, no que diz respeito a sua anatomia e fisiologia, mas faltam-lhe critérios para a avaliação de si mesmo enquanto essência consciente, autorreflexiva e dotada de linguagem. Pois nesse aspecto ele é um fenômeno único no planeta, não podendo se comparar a nada semelhante. A única possibilidade de comparação e de autoconhecimento seria a relação com outros seres humanos semelhantes, de carne e osso, que habitassem outros planetas.

Enquanto isto não é possível, a humanidade pode ser comparada a um eremita que sabe pertencer, do ponto de vista da anatomia, à família dos antropoides mas que, do ponto de vista da relação psíquica, difere imensamente de seus antepassados. Ele não possui parâmetros de reconhecimento justo no que concerne à principal característica de sua espécie, sendo e permanecendo um enigma. Na verdade, as diferenças que se possam estabelecer com alguma coisa pertencente ao âmbito da própria espécie não fornecem nada de significativo em comparação às possibilidades de conhecimento que um encontro com seres de origem diversa e estruturas semelhantes poderia oferecer. Nossa psique que, em última instância, é a grande responsável por todas as transformações históricas que a mão do homem imprimiu à fisionomia de nosso planeta é, até hoje, um enigma sem solução, um milagre surpreendente, ou seja, um objeto de perplexidade. Essa característica, contudo, é comum a todos os mistérios da natureza. Isso, porém, não diminui nossas esperanças de novas descobertas e de encontrar respostas mesmo para as questões mais difíceis, apesar da grande hesitação do conhecimento, sobretudo ao tratar das questões da psique e da psicologia. Essa hesitação se deve não apenas ao fato de a psicologia, como ciência empírica, datar de muito pouco tempo, mas também porque apresenta uma grande dificuldade em determinar seu próprio objeto.

527   Assim como foi preciso libertar nossa imagem do mundo do preconceito do geocentrismo, a psicologia necessitou de um esforço igualmente revolucionário para se desfazer dos muitos preconceitos que a envolveram. É preciso, em primeiro lugar, abandonar os vestígios das concepções mitológicas para então romper o duplo preconceito em que a psique é compreendida, de um lado, como mero epifenômeno com relação a um processo bioquímico operante no cérebro e, de outro, como uma questão estritamente pessoal. Sua conexão imediata com o cérebro não prova, de

modo algum, que a psique seja um epifenômeno ou um fenômeno secundário, ou seja, que dependa, numa relação de causa e efeito, de processos bioquímicos localizados no substrato. Sabemos de fato que a função psíquica pode ser gravemente perturbada por processos cerebrais, e essa constatação parece tão convincente que a decisão acerca da epifenomenalidade da psique se apresenta quase incontestável. No entanto, os fenômenos parapsicológicos, ao exprimirem uma relativização do tempo e do espaço através dos fatores psíquicos, advertem-nos quanto à ingenuidade e precipitação desse paralelo psicofísico. As experiências da parapsicologia são sempre refutadas em favor daquela explicação, quer por razões filosóficas, quer por inércia espiritual. Mas ao fazer isto, a explicação perde a qualidade de científica e responsável, na medida em que não passa de um subterfúgio mais cômodo diante de uma dificuldade pouco comum para o pensamento. A fim de poder julgar corretamente o fenômeno psíquico, faz-se necessário considerar justos todos os fenômenos que suscitem questões e que, por isso, não permitam o uso de uma psicologia geral que exclui a existência do inconsciente ou da parapsicologia.

A estrutura e a fisiologia do cérebro não conseguem explicar o processo da consciência. A psique possui um modo próprio de constituição que não se reduz a nada semelhante. Apesar de apresentar, do mesmo modo que a fisiologia, um campo de experiência relativamente fechado em si mesmo, ela possui um sentido inteiramente próprio, na medida em que encerra em si mesma uma das condições inalienáveis do ser, qual seja, o fenômeno da consciência. Sem essa condição, não pode haver mundo, pois este só existe como tal enquanto reflexo e expressão de uma psique consciente. *A consciência é uma condição do ser.* Nesse sentido, a psique recebe a dignidade de um princípio cósmico que – filosoficamente e de fato – ocupa um lugar seme-lhante ao princípio físico do ser. O portador dessa consciência é o indivíduo. Todavia, ele não a produz voluntariamente, sendo por ela moldado desde a infância em direção à consciência adulta. Se a psique possui uma importância empírica tão significativa, o indivíduo, que constitui a sua manifestação mais imediata, deve ser considerado de maneira igualmente prioritária.

529 Esse fato deve ser ressaltado sobretudo por duas razões. Em primeiro lugar, porque a psique individual, em função de sua individualidade, representa uma exceção à regra estatística, sempre esquecida pela observação científica no afã de nivelamento estatístico. Em segundo lugar, porque a psique individual só encontra aceitação e validade nas confissões e Igrejas quando adere a algum dogma, ou seja, quando aceita submeter-se a uma categoria coletiva. Em ambos os casos, o desejo de individualidade é sempre entendido como um subjetivismo egoísta. A ciência desvaloriza esse desejo como uma questão da subjetividade e as confissões o qualificam de heresia moral e soberba do espírito. Interessante é que o cristianismo, ao contrário das demais religiões, ensina o sentido de um símbolo que tem por conteúdo justamente a conduta individual da vida de um homem, o filho de Deus, que entende a si mesmo como processo de individuação e mesmo de encarnação e revelação de Deus. Dessa forma, a realização do si-mesmo adquire um significado cujas implicações ainda não foram devidamente aquilatadas. A experiência imediata e interior é desviada para o exterior. Contudo, se a autonomia não fosse a nostalgia secreta de muitos, talvez o indivíduo não tivesse condições de sobreviver moral e espiritualmente à repressão coletiva.

Existe ainda um grande obstáculo para a apreciação 530
correta da psique humana, que talvez seja ainda mais significativo do que os anteriores. Trata-se de uma experiência reservada principalmente ao médico, na qual se constata que a desvalorização da psique e outras resistências semelhantes com relação à apreensão psicológica baseiam-se, em sua maioria, no medo e pânico das possíveis descobertas que possam ser feitas no campo inconsciente. Esse medo não invade apenas aqueles que se assustaram com as descobertas do inconsciente feitas por Freud. O próprio pai da "psicanálise" o experimentou tendo, por isso, não apenas de afirmar sua teoria sexual como um dogma como também de postular que a psicanálise consiste no único baluarte da razão contra uma possível "irrupção da maré negra do ocultismo". Com isso, Freud exprimiu sua convicção de que o inconsciente ainda teria muito a esperar, o que poderia provocar interpretações "ocultistas", como de fato ocorre. Existem certos "restos arcaicos" relacionados aos instintos que constituem suas formas arquetípicas. Sua principal característica é um medo numinoso e eventual. Essas formas são indeléveis, pois constituem o próprio fundamento da psique. Nenhuma estratégia intelectual é capaz de apreendê-las e quando, por acaso, alguma de suas formas de manifestação se vê destruída, elas reaparecem numa "forma alterada". O medo da psique inconsciente é o obstáculo mais árduo no caminho do autoconhecimento e também no entendimento e abrangência do conhecimento psicológico. Por vezes é tamanho, que nem se consegue confessá-lo. Essa questão deveria ser considerada com seriedade por todo homem religioso, pois ela poderia lhe fornecer uma resposta iluminadora.

Uma psicologia orientada cientificamente deve, decerto, proceder de modo abstrato, isto é, deve se afastar de seu 531 objeto concreto mas sem o perder de vista. De modo geral e prático, os conhecimentos da psicologia experimental são, devido à abstração, pouco interessantes e esclarecedores. Quanto mais o objeto individual domina o campo de visão, mais vivo, prático e abrangente é o seu conhecimento. Com essa aproximação, no entanto, o objeto da investigação se complica e a incerteza acerca dos fatores singulares cresce proporcionalmente, aumentando a possibilidade de erro. A psicologia acadêmica se intimida visivelmente diante desse risco, retraindo-se ante os fatos mais complexos em favor de questionamentos mais simples. Ela tem inteira liberdade na escolha das questões que fizer à natureza.

532   A psicologia médica, porém, não se encontra, de modo algum, nessa situação invejável. Aqui é o objeto que coloca as questões, e o experimentador, o médico, depara-se com fatos que não escolheu e que certamente não escolheria se tivesse liberdade para isso. A doença e o doente é que colocam as questões decisivas, ou seja, a natureza também realiza experiências junto com o médico, pois espera dele uma resposta. A unicidade do indivíduo e sua situação singular se apresentam ao médico, exigindo uma resposta. Seu dever de médico o obriga a lidar com fatores complexos e incertos, relacionados à situação do paciente. De início, o médico parte de princípios gerais baseados na experiência. Mas, em algum momento, será obrigado a perceber que os princípios dessa ordem não são uma expressão suficiente dos fatos ou não podem sequer responder à conjuntura em questão. Quanto mais profunda a sua visão, menos validade passam a ter os princípios gerais. Entretanto, esses princípios constituem precisamente o parâmetro e o fundamento do conhecimento objetivo. A situação se subjetiviza amplamente porque passa a considerar como "compreensão" aquilo que o médico e o paciente sentem. O que, de início, era uma

vantagem corre o perigo de se transformar em desvantagem. Com a subjetivação (ou para empregar os termos técnicos: transferência e contratransferência) isola-se do meio ambiente, ou seja, ocorre uma limitação social indesejável para ambos, toda vez que a compreensão é excessiva e não é mais balanceada pelo conhecimento. Via de regra, quando a compreensão aumenta, cresce a distância entre ela e o conhecimento. Na verdade a compreensão ideal seria uma con-vivência e uma con-dução totalmente impregnadas de subjetividade e destituídas de conhecimento e responsabilidade social. Uma compreensão tão abrangente é, porém, impossível, porque exige uma adaptação total de ambos os indivíduos e, mais cedo ou mais tarde, chegaria o momento em que um dos parceiros ver-se-ia obrigado a sacrificar sua própria individualidade em favor da individualidade do outro. Essa consequência inevitável romperia a compreensão, cujo pressuposto básico é precisamente a preservação integral da individualidade de ambos os parceiros. Uma vez que a compreensão a todo custo prejudica a ambos os parceiros, o mais aconselhável é o exercício da compreensão até que se alcance o equilíbrio entre esta e o conhecimento.

Esse problema está presente quando se trata de compreender e conhecer situações complexas e individuais. Tal é a tarefa do psicólogo e deveria ser também a do atencioso diretor espiritual preocupado com a *cura animarum* (a cura d'almas) se este não se sentisse impelido a impor os pressupostos confessionais como parâmetro em momentos decisivos. Com isso, limita-se e se restringe sensivelmente o direito de existência individual, o que já não ocorre quando se concebe concretamente o símbolo dogmático, por exemplo, o modelo paradigmático da vida de Cristo, como algo adequado ao indivíduo. Prefiro deixar em aberto se é isso que acontece no momento. Em todo o caso, o médico trata geralmente de pacientes para os quais as limitações confessionais são pouco importantes e sua profissão o obriga, de todo modo, a se despojar o mais possível dos pressupostos confessionais. Assim, mesmo que ele respeite as convicções e asserções metafísicas não verificáveis, irá cuidar de não lhes atribuir um valor universal. Essa atitude se justifica na medida em que os traços individuais da personalidade não podem ser distorcidos por concepções exteriores e arbitrárias. O médico deve deixar a margem de distorção para as influências do meio, para o desenvolvimento interior e, em última instância, para o destino e suas decisões mais ou menos sábias.

534 É possível que muitos considerem essa postura um tanto radical. Mas, tendo em vista que, no processo dialético do relacionamento entre dois indivíduos e mesmo na retração entre eles, ambos os lados exercem e sofrem inúmeras influências e efeitos, um médico cônscio de suas responsabilidades evitaria aumentar, sem necessidade, o número de fatores coletivos aos quais o paciente já sucumbiu. Ele sabe que a pregação dos melhores preceitos apenas provocaria hostilidade e resistência, explícita ou velada no paciente, ameaçando inclusive o êxito do tratamento. A situação psíquica do indivíduo nos dias atuais já está de tal forma ameaçada pelo excesso de anúncios, propagandas, sugestões e chavões que, ao menos uma vez na vida, deve-se proporcionar ao paciente uma relação que não repita cansativamente os imperativos "você deve, é preciso", e semelhantes declarações de impotência do dia a dia. Contra a invasão de fora e dos seus efeitos provocados internamente na psique do indivíduo, o médico deve, ao menos uma vez, desempenhar o papel de advogado de defesa. O argumento de que isso poderia suscitar a liberação de impulsos anarquistas parece, na verdade, uma possibilidade um tanto remota, pois sempre subsistem medidas de proteção significativas, tanto

de natureza exterior como interior, tais como a covardia inerente à maior parte dos homens, a moral, o bom gosto e, em última instância, o código penal. Em oposição a esse receio, é muito alto o preço a pagar para se tomar consciência dos estímulos individuais e ainda mais para realizá-los. Quando os impulsos individuais rompem a ordem de maneira inesperada e impensada, o médico deve então proteger o indivíduo de sua tendência à miopia, à rudeza e ao cinismo em relação a si mesmo.

No desenrolar do relacionamento, chegará o momento em que os impulsos individuais deverão ser avaliados. Para enfrentar esse momento, o paciente precisa ter alcançado uma segurança de julgamento que lhe garanta a possibilidade de agir segundo sua própria visão e não a partir da imitação em função de uma convenção coletiva, mesmo que essa esteja em concordância com sua opinião pessoal. Se o indivíduo não estiver solidamente constituído, os chamados valores objetivos podem significar uma grande desvantagem, já que lhe servem apenas como substituição de seu caráter próprio, reforçando a repressão da individualidade. A proteção contra o subjetivismo desenfreado é, de fato, um direito inalienável da sociedade. Mas, uma vez que ela própria consiste no processo de desindividualização das pessoas, ela se encontra à mercê do ataque de individualidades perversas. Apesar de ser capaz de se organizar e unir de maneira exemplar, é justamente a extinção da personalidade singular que a torna susceptível ao ataque de indivíduos sedentos de poder. A soma de um milhão de zeros não chega a gerar um. Tudo depende, portanto, exclusivamente, da condição do indivíduo singular. Todavia, a miopia fatal de nosso momento presente apenas consegue pensar em termos de grandes números e de organizações de massa. O mundo já viu suficientemente – ao menos parece – o que significa uma massa ultradisciplinada nas mãos de um louco. Infelizmente essa visão não se impôs em parte alguma. As pessoas continuam a se organizar alegremente, na crença de que a única coisa eficaz é a ação massificada, sem a mínima consciência de que quanto mais poderosas as organizações tanto mais corre riscos a moralidade. Uma massa em movimento só pode persistir incorporada na vontade de um líder que não se detém diante de nada. E o seu programa há de se basear em ideias utópicas e milenaristas, capazes de iluminar as inteligências inferiores (e estas de preferência!).

536 É curioso que também as Igrejas, com a promessa de cuidar da saúde da alma individual, sirvam oportunamente à ação massificada, exorcizando o diabo com belzebu. Parece que elas não se dão conta da constatação mais elementar da psicologia de massa, segundo a qual o indivíduo na massificação sofre uma degradação moral e espiritual, e elas se esquecem de que sua própria tarefa é possibilitar ao homem singular – com a graça de Deus – a metanoia, ou seja, o renascimento espiritual. Já sabemos que, sem uma verdadeira renovação espiritual do indivíduo, a sociedade em si não constitui um caminho de renovação, já que ela nada mais é do que a soma de indivíduos que necessitam de salvação. Só consigo interpretar como alienação o empenho das Igrejas em aprisionar o indivíduo dentro de uma organização social e transportá-lo para uma condição na qual o seu sentido de responsabilidade se vê diminuído, principalmente, quando o seu verdadeiro objetivo deveria ser retirá-lo da massa inconsciente e cega, conscientizando-o de que a salvação do mundo depende de sua própria alma. A reunião de massa à qual a Igreja o convida lhe sugere sempre as mesmas ideias e procura impô-las com os recursos da sugestão. A grande ilusão consiste em impor, num curto espaço de tempo, um outro *slogan* como

se fosse novo e mais iluminador. A relação individual com Deus seria uma proteção eficaz contra a influência nefasta da ação massificada. Terá Cristo chamado seus apóstolos por ocasião de grandes aglomerações de massa? A alimentação dos cinco mil ouvintes por acaso fez aparecer alguns discípulos que depois não gritavam "crucifica-o", quando mesmo o próprio Pedro, a rocha, hesitou, apesar da escolha proclamada? E não foram justamente Jesus e Paulo os paradigmas dos homens que, confiando na experiência interior, seguiram seus próprios caminhos a despeito do mundo?

Contra esse argumento, porém, não se pode esquecer a realidade que as Igrejas enfrentam. Pois quando a Igreja procura dar uma orientação à massa amorfa e tenta, pela sugestão, reunir os indivíduos numa comunidade de fiéis, ela não presta apenas um grande serviço social como beneficia o indivíduo com a garantia de uma forma de vida plena de sentido. Contudo, via de regra, esses préstimos proporcionam mais confirmação de tendências do que transformação. A experiência nos tem mostrado, infelizmente, que a comunidade não é capaz de transformar interiormente o indivíduo. O meio não tem condições de fornecer de maneira imediata aquilo que o homem só pode adquirir através do esforço e do sofrimento. Ao contrário, a sugestão do meio reforça a tendência perigosa de se esperar que a transformação venha de fora. Ela passa, por assim dizer, um verniz nas aparências, dando a ilusão de que houve realmente uma transformação profunda e verdadeira na interioridade do homem, que aliás seria muito necessária, considerando-se os fenômenos atuais de massa e os problemas que daí poderiam advir. As cifras populacionais não diminuem, aumentando sem cessar. As distâncias se reduzem e a terra parece encolher-se. Hoje podemos ver, de modo transparente, o que pode resultar das organizações de massa. Já é, portanto, tempo de nos perguntarmos *o que* se obtém com essas organizações, isto é, qual a condição do homem real, do indivíduo e não do homem estatístico. Esse questionamento, porém, só é possível através de uma nova compreensão de si mesmo.

538   O movimento de massa resvala, como se pode esperar, do alto de um plano inclinado estabelecido pelos grandes números: a pessoa só está segura onde muitos estão; o que muitos acreditam deve ser verdadeiro; o que muitos almejam deve ser digno de luta, necessário e, portanto, bom; o poder se vê forçado a satisfazer o desejo de muitos. Mas o mais belo mesmo é escorregar com leveza e sem dor para a terra das crianças, sob a proteção dos pais, livre de qualquer responsabilidade e preocupação. Pensar e preocupar-se é da competência dos que estão lá no alto; lá existem respostas para todas as perguntas e necessidades. Tudo o que é necessário encontra-se à disposição. Esse estado onírico infantil do homem massificado é tão irrealista que ele jamais se pergunta quem paga por esse paraíso. A prestação de contas é feita pela instituição que se lhe sobrepõe, o que é uma situação confortável para ela, pois aumenta ainda mais o seu poder. Quanto maior o poder, mais fraco e desprotegido o indivíduo.

539   Toda vez que esse tipo de situação social se desenvolve, adquirindo grande extensão, abre-se o caminho para a tirania e a liberdade do indivíduo se transforma em escravidão física e espiritual. Sendo sempre imoral e perversa, a tirania se sente mais livre na escolha de seus métodos do que a instituição que, de certo modo, ainda deve explicações ao indivíduo. Caso entre em conflito com o Estado organizado, logo perceberia a real desvantagem de sua moralidade e acabaria se servindo dos mesmos métodos que este. Desse modo, o mal se dissemina automaticamente mesmo quando

a contaminação ainda poderia ser evitada. Esse perigo é ainda maior quando as grandes cifras e os valores estatísticos possuem uma importância decisiva, como é o caso no mundo ocidental. Os grandes números – as massas e o poder esmagador – são diariamente impostos a nossos olhos pelos jornais, o que, implicitamente, reafirma a falta de importância do indivíduo, a ponto de lhe retirar todas as esperanças de ser ouvido em algum tempo ou lugar. Os ideais de *liberté, égalité, fraternité,* transformados em meros chavões, não podem sequer ajudá-lo, pois ele só pode dirigir esse apelo aos seus próprios carrascos, aos representantes da massa.

Somente aquele que se encontra tão organizado em sua 540 *individualidade quanto a massa pode opor-lhe resistência.* Estou inteiramente convencido de que essa afirmação parece incompreensível para o homem de hoje. De há muito que a visão medieval tão salutar do homem como microcosmo, como um diminutivo, por assim dizer, do grande cosmo, tornou-se obsoleta, embora a longa distância da psique enquanto instância de apreensão do mundo e dele dependente, pudesse ter desenvolvido ainda melhor essa visão. Enquanto essência psíquica, o homem não só traz impressa dentro de si a visão do macrocosmo, como possui, de modo inerente, a capacidade de recriá-la sempre de novo numa medida ainda mais abrangente. O homem contém em si as correspondências do vasto mundo, graças à sua atividade consciente e reflexiva, de um lado, e do outro, graças à sua natureza instintiva hereditária, arquetípica que o insere no ambiente. Seus impulsos o prendem e o separam do macrocosmo, dado que suas ambições e desejos o arrastam para as mais variadas direções. Desse modo, ele está sempre em contradição consigo mesmo e só muito raramente consegue imprimir um objetivo único à sua vida – o que, em geral, implica a repressão penosa de outros lados de sua essência.

Nesses casos, há de se perguntar até que ponto vale a pena o sacrifício em favor desta unilateralidade, uma vez que o estado natural da psique humana consiste numa certa oposição entre seus elementos e certa contraditoriedade entre seus modos de relacionamento, isto é, numa determinada dissociação. Ao menos, é assim que o Extremo Oriente sente o apego das "dez mil coisas". Esta situação exige, portanto, ordem e síntese.

541 Assim como o caos dos movimentos de massa, sempre contrários e interpolados, convergem para uma direção determinada segundo uma vontade ditatorial, o estado dissociado do indivíduo necessita de um princípio de organização e ordenamento. A consciência do eu reivindica esse papel para a sua própria vontade e, em consequência, desconsidera a existência de poderosos fatores inconscientes que poderiam fazer malograr sua intenção. No entanto, se a consciência pretende alcançar uma síntese, ela deve, em primeiro lugar, conhecer a natureza desses fatores. Ela deve fazer a experiência deles ou então apropriar-se de um símbolo luminoso capaz de exprimi-los e assim gerar uma síntese. Um símbolo religioso que conseguisse apreender e apresentar, de forma elevada, o que, no homem moderno, anuncia-se, poderia exercer essa função. Contudo, a concepção até hoje vigente na interpretação do símbolo cristão ainda não o permitiu. Ao contrário, gerou inclusive a terrível cisão do mundo a partir do conceito do homem branco "cristão", e a nossa cosmovisão cristã mostrou-se inoperante para impedir o aparecimento de uma ordem social tão arcaica como o comunismo.

542 Com isso não queremos dizer que o cristianismo tenha-se esgotado. Absolutamente. Estou convencido de que não é o cristianismo que está antiquado em relação à situação atual do mundo e sim a apreensão e interpretação que dele

fizeram até agora. O símbolo cristão é uma essência viva que traz em si o germe de outros desdobramentos. Ele pode ainda se desenvolver e tudo depende se conseguimos nos decidir ou não a meditar mais uma vez, e ainda mais profundamente, sobre os seus pressupostos. Para tanto, é imprescindível um novo posicionamento diante da questão do indivíduo microcosmo do si-mesmo. Por isso não sabemos que novas abordagens estão abertas para o homem, que experiências interiores ainda ele pode realizar e que fatos psíquicos se encontram à base do mito religioso. Sobre esses aspectos reina uma grande escuridão e por isso não conseguimos ver qual o caminho de interesse e qual a posição a ser tomada. Diante desse problema, perdemos nossa terra firme.

Tudo isso não é tão surpreendente, já que todos os trunfos estão nas mãos do inimigo. Esse último pode fazer apelo ao grande número e ao seu poder esmagador. A política, a ciência e a técnica com suas consequências decisivas são seus cúmplices. Os imponentes argumentos da ciência se apresentam como o grau máximo da certeza intelectual até aqui alcançado pelo esforço humano. Ao menos é o que parece ao homem moderno, tão instruído acerca do atraso, obscuridade e superstições dos tempos antigos. Mas ele não consegue perceber que seus mestres incorreram por sua vez num grave erro, pois compararam equivocadamente dois fatores incomensuráveis. Sua ilusão é encorajada pelo fato de que os espíritos que são autoridade e a quem ele dirige seus questionamentos parece lhe provar que o que a ciência considera impossível hoje foi impossível em todos os tempos, principalmente os fatos da fé, que poderiam lhe oferecer uma perspectiva extraterrena. Quando o indivíduo questiona a Igreja e seus representantes, a quem está confiado o cuidado pastoral, ele recebe como resposta que pertencer a uma Igreja, ou seja, a uma instituição terrena é, por assim dizer, uma condição incontornável. Escuta também que os fatos da fé agora questionados são acontecimentos históricos concretos e que certos atos rituais têm efeitos miraculosos como, por exemplo, a Paixão de Cristo que o redimiu dos pecados e de suas consequências (a condenação eterna). Se o indivíduo tiver que meditar sobre essas coisas com os parcos meios que lhe são oferecidos, ele certamente haverá de admitir que não é capaz de compreendê-las, restando-lhe apenas duas possibilidades: ou acreditar sem pensar nessas afirmações ou então rejeitá-las por completo.

544 É sem muitas dificuldades que o homem de hoje consegue conceber e pensar as "verdades" ditadas pelo Estado massificado. O acesso, no entanto, à compreensão religiosa lhe parece extremamente difícil devido às explicações deficientes que recebe ("Porventura entendes o que lês? Ele lhe respondeu: Como é que vou entender se ninguém me explicar?") (At 8,30). Se, apesar disso, o homem não consegue extirpar de todo suas convicções religiosas, é porque a atividade religiosa repousa numa tendência instintiva e pertence às funções específicas do homem. É possível retirar-lhe os deuses, mas somente para lhe oferecer outros. Os líderes do Estado massificado não podiam deixar de ser idolatrados. Onde essa idolatria ainda não se impôs com violência, surgem outros fatores obsessivos de energia demoníaca como o dinheiro, o trabalho, a influência política etc. Quando o homem perde alguma de suas funções naturais, isto é, quando esta se vê excluída de sua atividade consciente e intencional, ocorre um distúrbio geral. É evidente, portanto, que, com a vitória da "déesse Raison" (deusa Razão), tenha havido uma neurotização geral do homem moderno, ou seja, uma dissociação de sua personalidade análoga à cisão contemporânea do mundo. A cerca de arame farpado que divide o mundo atravessa também a psique do homem

moderno, quer ele viva de um lado ou de outro. E como o neurótico clássico não tem consciência do outro lado de si mesmo, isto é, de sua sombra, também o indivíduo normal que, como ele, vê a sua sombra no próximo, a vê respectivamente no homem do outro lado da trincheira. Já se tornou inclusive uma tarefa social e política considerar diabólico o capitalismo do outro lado da cerca e deste lado, o comunismo, fascinando com o exterior o olhar do indivíduo para desviá-lo de seu próprio interior. Mas, da mesma maneira que o neurótico em sua semiconsciência tem uma certa intuição a respeito da desordem de sua psique, o homem do Ocidente desenvolve um interesse instintivo pela sua psique e pela "psicologia".

Nesse sentido, o médico é chamado, de bom ou de mau grado, para a cena do mundo e a ele são colocadas questões que, de início, dizem respeito apenas à vida mais íntima e velada do indivíduo mas que, em última instância, expressam diretamente os efeitos do espírito do tempo. Devido a sua sintomatologia pessoal, esses efeitos, na maioria das vezes e com boa razão, valem como "material neurótico", pois se trata, na verdade, de fantasias infantis que dificilmente são compatíveis com o conteúdo adulto da psique e que, por isso, são reprimidas por julgamentos morais ao chegarem à consciência. Entretanto, a maior parte dessas fantasias não chega à consciência de modo natural e nem mesmo se pode provar que lá cheguem para então serem reprimidas. É mais provável que tenham surgido no inconsciente e lá permanecido nesse estado até o momento em que a intervenção psicológica tenha franqueado sua entrada para o limiar da consciência. A vitalidade de fantasias inconscientes é um processo relacionado a uma situação de carência da consciência. Se assim não fosse, elas se processariam normalmente e não gerariam nenhum distúrbio neurótico. Na verdade, esse tipo de fantasia pertence ao mundo infantil e só gera distúrbios quando intensificadas fora do tempo, sob condições anormais da vida consciente. É o que acontece quando a atmosfera se vê envenenada pela explosão de conflitos entre os pais que perturbam o equilíbrio psíquico da criança.

546   Quando uma neurose aparece no adulto, surge literalmente o mesmo mundo de fantasias da criança. Daí explicar o aparecimento de uma neurose estabelecendo uma relação causal com a existência de fantasias infantis. Essa explicação, contudo, não elucida por que, nesse meio-tempo, as fantasias não se desdobraram em efeitos patológicos. Esses efeitos só aparecem quando o indivíduo se depara com uma situação que ele não é mais capaz de dominar. A interrupção consequente da evolução da personalidade possibilita um desvio para as fantasias infantis que existem de forma latente em todo ser humano, mas que não chegam propriamente a impedir a trajetória normal da personalidade consciente. Mas quando as fantasias alcançam um determinado grau de intensidade, começam a irromper na consciência, gerando um estado de conflito perceptível para o paciente: a cisão em duas personalidades caracteristicamente distintas. De fato, a dissociação já havia sido preparada no inconsciente, na medida em que a energia não utilizada que escoa da consciência fortalece as propriedades inconscientes negativas, sobretudo os traços infantis da personalidade.

547   Uma vez que as fantasias normais da criança, no fundo, nada mais representam do que a imaginação dos impulsos instintivos, podendo ser considerada como uma espécie de exercício preliminar das atividades futuras da consciência, também as fantasias do neurótico, perturbadas de forma patológica (ou talvez pervertida) pela regressão da energia, possuem um núcleo do instinto normal que se caracteriza

pela capacidade de adaptação. Esse tipo de doença sempre significa em si uma alteração inadaptada e uma distorção dos dinamismos normais e da imaginação própria a eles. Os instintos, porém, são muito conservadores tanto na sua dinâmica como na sua forma. Esta, quando representada aparece como imagem que exprime a natureza do impulso instintivo visual e concretamente. Se, por exemplo, fosse-nos possível ver a psique da borboleta iúca[8], certamente encontraríamos nela formas de representação de caráter numinoso que não apenas compelem a borboleta à sua atividade de fertilização da iúca como também a ajudam a "reconhecer" a situação total. Por conseguinte, o instinto não é um mero impulso, cego e indeterminado, mas está sempre afinado com uma situação exterior determinada. Esta circunstância é que lhe dá sua forma específica e singular. Como o instinto é original e hereditário, a forma é também arcaica, isto é, arquetípica, sendo mais antigo e conservador do que a forma do corpo.

Esse mesmo pressuposto biológico vale para a espécie do *homo sapiens* que, apesar de possuir consciência, vontade e razão, não está excluído do campo da biologia geral. Do mesmo modo que podemos observar em todos os seres vivos animais, nossa atividade consciente repousa sobre os fundamentos do instinto, dele retirando tanto a sua dinâmica como os seus traços essenciais. O conhecimento humano consiste basicamente na adaptação às formas de representação arcaicas que nos foram dadas *a priori*. Elas exigem certas modificações porque na sua forma original correspondiam a um modo arcaico devido às exigências de um meio profundamente modificado. Caso o fluxo da dinâmica instintiva

548

---

8. Trata-se de um caso clássico na biologia de simbiose entre um inseto e uma planta [cf. JUNG. *Instinkt und Unberwusstes*, § 268 e § 277].

para nossa vida presente deva ser preservado, o que é absolutamente necessário para a manutenção de nossa existência, então é fundamental que representemos as formas arquetípicas que nos são dadas, de modo que elas possam corresponder às exigências do presente.

5. Cosmovisão e modo de observação psicológico

549   Nossas concepções, infelizmente, revelam a tendência inevitável de não acompanhar as transformações e a situação em geral. De fato, não poderia ser diferente porque, enquanto nada se muda no mundo, elas são mais ou menos adequadas e funcionam de maneira satisfatória. E assim permanecem enquanto não houver alguma razão contundente para a sua transformação ou readaptação. Somente quando as relações se modificam a ponto de criar um abismo intransponível entre a situação exterior e as formas de representações antigas é que se levanta o problema geral acerca da cosmovisão (*Weltanschauung*) de princípio: como as formas de representação, que deveriam seguir o fluxo da energia instintiva, devem se orientar e se adaptar de forma nova. Não se pode substituí-las simplesmente por uma nova forma racional, uma vez que esta se estrutura bem mais a partir do exterior do que do pressuposto biológico do homem. Assim, não oferecem nenhuma ponte para o homem originário, mas, ao contrário, obstruem o acesso a ele. Isso, porém, corresponde justamente à educação marxista que, na crença de sua semelhança com Deus, acredita poder conformar o homem a um produto do Estado.

550   Nossa convicção de base é por demais racionalista. Nossa filosofia não é mais uma forma viva como era a dos antigos, mas uma questão exclusivamente intelectual. Nossas confissões com seus ritos legitimamente arcaicos e formas

de representação exprimem uma imagem do mundo que, embora não tivesse ainda causado na Idade Média nenhum dano considerável, tornou-se incompreensível para o homem de hoje. No entanto, mesmo considerando todo o conflito existente com as concepções modernas, um instinto profundo ainda nos provoca a manter representações que literalmente já não se ajustam ao desenvolvimento espiritual dos últimos cinco séculos. É evidente que isso ocorre para evitar que ele caia no abismo de um desespero niilista. E mesmo quando o racionalista acredita dever criticar a fé que se apoia apenas na letra ou num concretismo mesquinho, nunca deve esquecer que as confissões proporcionam um ensinamento cujos símbolos, apesar da interpretação questionável, possuem uma vida própria, em razão de seu caráter arquetípico. Em consequência, a compreensão intelectual geralmente não é algo indispensável. Ela surge apenas quando a percepção intuitiva e a avaliação emocional não são suficientes, ou seja, para aquele que atribui ao intelecto uma força convincente.

Nesse sentido, nada pode ser mais sintomático e característico do que o *abismo entre fé e saber* que se abre com a Idade Moderna. A oposição cresceu de tal maneira que se deve mesmo falar da incomensurabilidade entre as duas categorias do conhecimento e de suas respectivas imagens do mundo. Todavia, trata-se de um mesmo mundo empírico em que o homem se encontra. A própria teologia afirma que a sua fé se baseia em fatos que se tornaram historicamente perceptíveis neste nosso mundo conhecido, a saber, que Cristo nasceu como homem real, realizou muitos milagres, viveu o seu destino, morreu sob Pôncio Pilatos e ressuscitou após sua morte. A teologia chega inclusive a rejeitar qualquer tentativa de se compreender simbolicamente as formulações de sua mensagem e de apreendê-las como mito; inclusive, sem dúvida como concessão ao "conhecimento", tentou "desmitologizar" o objeto de sua fé ao traçar uma linha totalmente arbitrária nas questões decisivas. Para o entendimento crítico, porém, é claro que o mito constitui parte integrante de toda religião e que, por isso, não pode ser excluído sem prejuízos para a afirmação da fé.

552   A cisão entre fé e saber é um sintoma da *cisão da consciência* que caracteriza o estado de perturbação espiritual da época moderna. É como se duas pessoas diferentes professassem afirmações sobre um mesmo fato, cada um sob o seu próprio prisma, ou então como se uma mesma pessoa projetasse uma imagem de sua experiência em dois estados psíquicos diferentes. Se colocarmos em lugar de uma pessoa a sociedade moderna geral, ela sofrerá de dissociação psíquica, isto é, de um distúrbio neurótico. Diante disso, de nada adianta se um partido a puxa obstinadamente para a direita e um outro, do mesmo modo, para a esquerda. Isso acontece com toda psique neurótica, causando um grande sofrimento e é justo esse sofrimento que a leva ao médico.

553   Como mencionei há pouco, com referência a particularidades de ordem prática (o que talvez tenha surpreendido o leitor), o médico precisa estabelecer um relacionamento com os dois lados da personalidade de seu paciente, pois somente assim poderá recompor o homem em sua integridade e não se ater apenas a um dos lados, reprimindo o outro. Isso o paciente fez sempre, porque a cosmovisão moderna não lhe deixa outra alternativa. Em princípio, sua própria situação individual é a mesma que a coletiva. Ele é um microcosmo social que reflete em pequena escala as características da grande sociedade ou, ao contrário, o indivíduo é a menor unidade social a partir da qual resulta, por acúmulo, a dissociação coletiva. Esta última hipótese nos parece mais

provável, na medida em que o indivíduo é o único portador imediato e vivo da personalidade singular, enquanto que a sociedade e o Estado representam apenas ideias convencionais e só podem pleitear a realidade quando se acham representados por um certo número de indivíduos.

Até hoje não se percebeu com a necessária clareza e profundidade que a nossa época, apesar do excesso de irreligiosidade, está consideravelmente sobrecarregada com o que adveio da era cristã, a saber, com o *predomínio da palavra*, daquele Logos que representa a figura central da fé cristã. A palavra tornou-se, ao pé da letra, o nosso deus e assim permanece mesmo para quem conhece o cristianismo apenas externamente. Palavras como "sociedade" e "Estado" concretizaram-se de tal maneira que quase chegaram a se personificar. Para a crença vulgar, o Estado se tornou, ainda mais do que o rei das épocas primitivas, o doador inesgotável de todos os bens. O Estado é invocado, responsabilizado, acusado etc. A sociedade se transforma no princípio ético supremo, atribuindo-se-lhe inclusive a capacidade de criação. Ninguém parece observar que a veneração e o endeusamento da palavra, necessários para uma determinada fase de desenvolvimento espiritual e histórico, traz consigo um lado sombrio bastante perigoso. Desde o momento em que a "palavra", através de uma educação secular, adquire validade universal, ela rompe sua ligação originária com a pessoa divina. Ao romper essa ligação, surge uma Igreja extremamente personificada e – *last but not least* – um Estado igualmente personificado; a fé na "palavra" se transforma em crendice e a própria palavra em *slogan* informal, capaz de todo tipo de impostura. Com a crendice, com as propagandas e anúncios, o cidadão satura os ouvidos, assume compromissos e negócios políticos, enquanto a mentira alcança proporções jamais vistas.

554

555 A palavra que, originariamente, era mensagem da unidade dos homens e de sua união na figura de um grande Homem, passa a constituir, em nossa época, fonte de suspeita e desconfiança de todos contra todos. A crendice é o nosso pior inimigo, mas também o meio de informação a que o neurótico sempre recorre a fim de persuadir o opositor que ele carrega em seu próprio peito ou de fazê-lo desaparecer. Costuma-se acreditar que basta "apenas dizer" a alguém o que ele deve "fazer" para entrar no bom caminho. Mas se ele pode ou quer fazê-lo, é uma outra história. Por outro lado, a prática médica percebeu que dizer, convencer, persuadir ou aconselhar não resulta em nada de proveitoso. O médico quer e deve conhecer as particularidades como também obter um conhecimento autêntico do inventário psíquico de seu paciente. Para tanto, ele precisa estabelecer um relacionamento com a individualidade do doente e adquirir um conhecimento profundo de todos os escaninhos de sua psique numa proporção que vai muito além da capacidade do pedagogo e mesmo do diretor espiritual. A objetividade científica de que dispõe não exclui nenhum fator e lhe dá a possibilidade de ver o paciente não apenas como uma personalidade humana mas também como um antropoide que, assim como o animal, está profundamente ligado a sua corporeidade. A formação científica do médico dirige seu interesse para além da personalidade consciente e para o mundo do instinto inconsciente dominado pela *sexualidade* e pelo *instinto de poder*. Estes significam a autoafirmação e correspondem aos conceitos morais de Agostinho de concupiscência e soberba. O confronto entre esses dois instintos fundamentais (conservação da espécie e de si próprio) no indivíduo gera muitos conflitos, constituindo, portanto, o objeto principal do julgamento moral cujo objetivo é evitar o mais possível a colisão entre os instintos.

Como já afirmei, o instinto possui dois aspectos funda- 556
mentais: de um lado, o *fator dinâmico* e, de outro, o *sentido
específico*, e correspondem, respectivamente, à compulsão e
à intenção. É muito provável que todas as funções psíquicas do homem repousem sobre a base do instinto, como é
o caso manifesto dos animais. Nestes, o instinto pode ser
imediatamente reconhecido como o *spiritus rector* (espírito-
-guia) de todo comportamento. Essa constatação só vem a
ser questionável quando uma certa capacidade de aprendizagem começa a se desenvolver como ocorre, por exemplo,
com os macacos mais complexos e os homens. Aqui, devido
à capacidade de aprendizagem, o instinto sofre inúmeras
modificações e diferenciações gerando, por fim, no homem
civilizado, um estado no qual só muito poucos instintos
podem ser encontrados em sua forma originária. Estes são
basicamente os dois instintos acima mencionados e seus derivados com os quais a psicologia médica vem se ocupando
até hoje. Constatou-se que quanto maior o desdobramento
do instinto, mais a pesquisa se depara com formações em
que não se sabe a que grupos de instintos devem ser remeti-
das. Para mencionarmos apenas um exemplo, o descobridor
do instinto de poder levantou a questão se uma expressão
aparentemente inquestionável do instinto sexual não se ex-
plicaria melhor como "arranjo de poder", e o próprio Freud
admitiu, ao lado do instinto sexual, a existência de "instintos do eu", com o que faz uma clara concessão à perspectiva
de Adler. Diante dessa incerteza, não é de admirar que, na
maior parte dos casos, a sintomatologia neurótica possa ser
explicada pelas duas teorias sem cair em contradição. Essa
perplexidade não significa, de modo algum, que algum dos
pontos de vista, ou mesmo ambos, estejam errados. Ao contrário, ambos são relativamente válidos, permitindo assim a
existência e concorrência de outros instintos, por oposição a

certas tendências unilaterais e dogmáticas. Embora a questão dos instintos não seja uma coisa simples, pode-se supor, por exemplo, que a capacidade de aprendizagem, essa propriedade quase exclusiva do homem, baseia-se sobretudo num instinto de imitação também presente nos animais. Pertence à natureza do instinto perturbar e modificar eventualmente outras atividades instintivas, o que se pode observar, por exemplo, com relação ao canto dos pássaros que conseguem incorporar outras melodias.

557   Nada é mais estranho ao homem, do ponto de vista dos instintos, do que a sua capacidade de aprender, a qual se apresenta como um verdadeiro ímpeto crescente de transformação dos seus modos de relacionamento. A ela se deve atribuir, em última instância, a modificação das condições da existência e a exigência de novas adaptações que traz consigo a civilização. Por isso, constitui também a fonte de todos os distúrbios psíquicos e das dificuldades provocadas pela alienação crescente do homem de sua base instintiva, ou seja, pelo desenraizamento e identificação com o conhecimento consciente de si mesmo ou consciência na exclusão do inconsciente. O resultado natural é que o homem moderno só se conhece na medida em que consegue ter consciência de si mesmo. Essa possibilidade, porém, depende essencialmente das condições ambientais cujo conhecimento e domínio lhe fornecem ou sugerem as modificações de suas tendências instintivas originárias. A consciência orienta-se de preferência pela observação e conhecimento do meio ambiente a cujas características ele deve adaptar seus recursos psíquicos e técnicos. A tarefa assim imposta é de tal modo exigente e seu cumprimento tão vantajoso que ele acaba se esquecendo, por assim dizer, de si mesmo, isto é, acaba perdendo de vista sua natureza instintiva originária, substituindo sua verdadeira

essência pela visão que projeta de si mesmo. Dessa maneira, ele entra, sem perceber, num mundo de conceitos em que substitui, em larga escala, a verdadeira realidade pelos produtos de sua atividade consciente.

A separação de sua natureza instintiva leva o homem 558 civilizado ao conflito inevitável entre consciência e inconsciente, entre espírito e natureza, fé e saber, ou seja, à cisão de sua própria natureza que, num dado momento, torna-se patológica, uma vez que a consciência não é mais capaz de negligenciar ou reprimir a natureza instintiva. O aumento do número de indivíduos que chegaram a esse estado crítico coloca em ação um movimento de massas que se apresenta como defensor dos oprimidos. Assim como a tendência predominante da consciência é procurar a fonte de todas as suas necessidades no mundo exterior, pressupõe-se acriticamente que as modificações externas, de ordem política e social, hão de solucionar os graves problemas da cisão da personalidade. Daí decorre que, onde essa exigência é satisfeita, incorporam-se circunstâncias políticas e sociais que provocam, embora de maneira diversa, as mesmas necessidades, à custa dos valores morais e espirituais que fazem de uma simples civilização uma cultura. Nesse tipo de situação, o que acontece é, de início, uma pura inversão: o que está embaixo vai para cima, a escuridão ocupa o lugar da luz e, como isso sempre se dá de maneira anárquica e turbulenta, a liberdade do oprimido "libertado" precisa ser, necessariamente, restringida. Expulsa-se o diabo com belzebu. E ele permanece inequivocamente porque a raiz do mal não foi absolutamente tocada, passando a vigorar apenas a posição contrária.

A revolução comunista tirou a dignidade do homem 559 numa escala bem superior do que a psicologia coletiva democrática o fez, pois retirou dele a liberdade tanto no sentido social como moral e espiritual. À parte as dificuldades políticas, o Ocidente também sofreu um grande dano psicológico que se fez notar já na época do nacional-socialismo na Alemanha: nas sombras pode-se apenas tatear. Hoje, esse dano já se localiza além dos limites políticos, embora achemos que estamos do lado do bem e nos regozijemos da posse dos ideais corretos. Um famoso chefe de Estado não afirmou recentemente que não possuía "qualquer imaginação para o mal"?[9] Com isso, exprimiu, no entendimento de muitos, o fato de que o homem ocidental corre o perigo de perder por completo as suas sombras e se identificar totalmente com sua personalidade fictícia e o mundo com a imagem abstrata do racionalismo científico. Assim lhe é tirado o chão debaixo dos pés. Seu oponente espiritual e moral, tão real quanto ele, é arrancado de seu próprio peito para habitar o outro lado geográfico da linha de separação que agora não é mais expressão de uma medida política e policial externa e sim algo bem mais ameaçador, a saber, a cisão entre o homem consciente e o inconsciente. O pensar e sentir perdem sua polaridade interna e, quando a orientação religiosa se torna ineficaz, nem mesmo um Deus pode controlar as funções psíquicas liberadas.

560   Nossa filosofia não se ocupa da questão se o outro homem existente em nós, que nós só conseguimos denominar de maneira pejorativa com a palavra "sombra", está ou não de acordo com nossos planos e intenções conscientes. A filosofia decididamente ainda não sabe que o homem traz de verdade dentro de si uma sombra, cuja existência se funda em sua natureza instintiva característica. Tanto essa dinâmica como o mundo de imagens dos instintos

---

9. Desde que essas palavras foram escritas, a sombra seguiu rápida essa imagem luminosa com a cavalgada dos hussardos em direção ao Egito.

formam um *a priori* que não deve ser desconsiderado sob o risco de consequências desastrosas. Violentação ou negligência do instinto traz consequências funestas de natureza fisiológica e psicológica contra as quais o auxílio do médico mostra-se indispensável.

Sabemos há mais de meio século que existe um inconsciente, o qual se opõe à consciência. A psicologia médica apresentou, neste sentido, todas as provas experimentais e empíricas necessárias. Comprovou-se a existência de uma realidade psíquica inconsciente que influencia a consciência e seus conteúdos. Mesmo sabendo disso, não se chegou a nenhuma conclusão geral sobre esse fato. Pensamos e agimos, antes e depois da descoberta, como se possuíssemos apenas um lado e não dois. Em consequência predomina ainda a representação inocente e racional do homem. Não se cogita em desconfiar de seus motivos ou sequer de levantar a questão se o homem em sua interioridade se relaciona de alguma maneira com o que fazemos no mundo externo. Na realidade, porém, é de todo leviano, superficial e mesmo irracional, desconsiderar a reação e a atitude do inconsciente porque isto é psiquicamente anti-higiênico. Podemos considerar o estômago e o coração coisas sem importância ou até desprezíveis, mas isso não impede que um erro de dieta ou um esforço exagerado tragam consequências que comprometem gravemente a saúde do homem. Acreditamos poder corrigir os erros psíquicos e suas consequências com meras palavras, pois o "psíquico" significa tanto quanto nada. Apesar disso, não podemos negar que sem a psique não existiria o mundo ou, mais precisamente, mundo humano algum. De certo modo tudo depende da psique humana e de suas funções. Elas merecem a nossa maior atenção, sobretudo hoje em dia quando o bem-estar do futuro reconhecidamente não mais se decide pela ameaça de animais ferozes, pelas catástrofes naturais ou pelo perigo de vastas epidemias, mas, única e exclusivamente, pelas *alterações psíquicas dos homens*. Basta um pequeno distúrbio do equilíbrio na cabeça de alguns chefes para que o mundo se transforme em sangue, fogo e radioatividade. Ambos os lados dispõem dos meios técnicos para isso. E certos processos conscientes de reflexão, fora do controle de qualquer opositor interno, oferecem facilmente as condições para esse extremo, como vimos no exemplo do "*Führer*". A consciência do homem hoje está de tal forma colada aos objetos exteriores que só consegue responsabilizar os objetos como se deles dependesse a decisão. Considera-se bem pouco que o estado psíquico de certos indivíduos poderia se libertar do comportamento dos objetos mesmo quando essas "irracionalidades" podem ser observadas e encontradas diariamente.

562   A perda de consciência em nosso mundo provém, fundamentalmente, da perda do instinto e tem sua razão de ser no desenvolvimento mental da humanidade ao longo das eras passadas. Quanto mais o homem conseguiu dominar a natureza, mais lhe subiu à cabeça o orgulho de seu saber e poder, e mais profundo o seu desprezo por tudo que é apenas natural e casual, isto é, pelos dados irracionais, inclusive a própria psique objetiva que não é a consciência. Em oposição ao subjetivismo da consciência, o inconsciente é objetivo na medida em que se manifesta sobretudo na forma de sentimentos, fantasias, emoções, impulsos e sonhos resistentes que não são produzidos intencionalmente, mas nos surpreendem de maneira objetiva. A psicologia ainda hoje é, em grande parte, a ciência dos conteúdos da consciência, dado que estes podem ser medidos por parâmetros coletivos. A psique individual, no entanto, que em última instância é a única verdadeiramente real, é entendida como um fenômeno ocasional e marginal, e o inconsciente, que

só se manifesta em certas pessoas irracionais, foi inteiramente ignorado. Essa atitude não exprime uma simples desatenção ou mesmo um não saber e sim uma resistência positiva ante a possibilidade da existência de uma segunda autoridade psíquica ao lado do eu. Parece muito perigoso para o eu duvidar de sua monarquia. O homem religioso, no entanto, está acostumado com a ideia de não ser o único senhor em sua casa. Ele crê que quem decide em primeiro lugar é Deus, e não ele. Mas quantos ainda ousariam de fato entregar a decisão à vontade de Deus e quem não se sentiria perplexo ao ter que explicar até onde a decisão parte do próprio Deus?

O homem religioso, naquilo que a experiência nos permite constatar, encontra-se sob a influência direta de uma reação do inconsciente. Ele caracteriza esse fato, via de regra, como *consciência moral*. Mas visto que o mesmo fundo psíquico também pode provocar outras reações além das morais, o fiel mede sua "consciência moral" pelos parâmetros éticos tradicionais, isto é, por uma grandeza coletiva, passando a ser sustentado de modo eficaz pela sua Igreja. Enquanto o indivíduo puder manter-se fiel à sua fé tradicional e às circunstâncias do momento não exigirem nenhuma acentuação mais forte da autonomia individual, é possível se contentar com esse estado de coisas. A situação, porém, modifica-se radicalmente quando o homem mundano, orientado para os fatores externos e já sem convicção religiosa, aparece massificado, como sucede hoje. O fiel atua na defensiva e deve justificar amplamente os fundamentos da sua fé, pois agora ele não é mais sustentado pela força violenta de sugestão da opinião geral, dado que a Igreja se vê enfraquecida e os seus pressupostos dogmáticos expostos. Diante dessa situação, ela lhe recomenda ainda mais fé como se esse dom da graça dependesse da vontade do homem. O lugar de origem de uma fé verdadeira não é a consciência e sim a experiência religiosa espontânea que estabelece um elo direto entre o sentimento da fé e sua relação com Deus.

564 Surge então a questão: será que realmente possuo uma experiência religiosa e uma relação direta com Deus e, consequentemente, a certeza necessária de que poderei me preservar, enquanto homem singular, de uma diluição na massa?

6. O autoconhecimento

565 Uma resposta positiva ao problema da experiência religiosa apenas pode-se oferecer se o homem estiver disposto a satisfazer as exigências de um exame e conhecimento rigoroso de si mesmo. Se assim fizer, não só descobrirá algumas verdades importantes sobre si mesmo, mas também obterá uma vantagem psicológica: terá conseguido julgar a si mesmo como pessoa digna de toda consideração e simpatia. Assim, ele, de certo modo, subscreverá para si uma declaração da dignidade do homem e dará, ao mesmo, um primeiro passo para a fundamentação de sua consciência, ou seja, para o inconsciente a única fonte existente da experiência religiosa. Mas isso não implica que aquilo que se chama inconsciente venha a ser idêntico a Deus ou a ocupar o lugar de Deus. O inconsciente é somente o meio do qual parece brotar a experiência religiosa. Tentar responder qual seria a causa mais remota desta experiência fugiria às possibilidades do conhecimento humano, pois o conhecimento de Deus é um problema transcendental.

566 O homem religioso desfruta de uma grande vantagem com relação à questão crucial de nosso tempo: ao menos, ele tem uma ideia clara de que sua existência subjetiva se funda na relação com "Deus". Coloco a palavra "Deus"

entre aspas para ressaltar que se trata de uma representação antropomórfica cuja dinâmica e simbolismo são transmitidos por meio da psique inconsciente. Qualquer um pode, acreditando ou não em Deus, aproximar-se do lugar de origem dessa experiência. Sem esta aproximação, tal experiência pode se dar somente nos casos muito raros de uma conversão milagrosa que tem por modelo básico a vivência de Paulo em Damasco. Não é mais preciso provar que existem vivências religiosas. Contudo, sempre se poderá questionar se aquilo que a metafísica e a teologia humanas chamam de Deus constitui realmente a base dessas experiências. Esta questão, na verdade, é vã, pois a numinosidade subjetiva, poderosa e radical da vivência é por si só uma resposta. Quem teve essa vivência, fez a experiência de ser *tomado*, sendo por isso incapaz de tecer considerações de ordem metafísica ou epistemológica. Aquilo que tem o máximo grau de certeza é evidente em si mesmo e não necessita de provas antropomórficas.

No tocante ao preconceito e desconhecimento geral da psicologia, parece uma infelicidade que justamente a única vivência que funda a existência individual pareça ter sua origem num meio discriminado por um preconceito geral. Nasce assim a dúvida: "De Nazaré pode sair alguma coisa boa?" O inconsciente é visto como "simples natureza animal", quando não é considerado uma fossa abaixo da consciência. Na realidade, porém, ele é, por definição, algo de extensão e propriedade desconhecidas; por isso qualquer juízo de valor, negativo ou positivo, fica sem objeto e se desfaz como um preconceito. Em todo caso, esses julgamentos soam bastante estranhos na boca dos cristãos que viram seu Senhor nascer num estábulo entre os animais domésticos. Certamente ele teria satisfeito bem mais ao bom gosto se tivesse vindo ao mundo num templo. Da mesma maneira, o homem mundano massificado deposita suas esperanças de uma vivência numinosa na aglomeração de massas que representa um fundo bem mais imponente do que a alma humana individual. E os próprios cristãos orientados pela Igreja compartilham dessa ilusão tão funesta.

568   O significado atribuído pela psicologia aos processos inconscientes para a constituição da vivência religiosa é amplamente impopular tanto para a direita como para a esquerda. Para um, o decisivo é a revelação histórica vinda de fora do homem. Para o outro, isso é absurdo e o homem não tem uma função religiosa a não ser a crença na doutrina do partido que requer a máxima intensidade da fé. As diversas confissões afirmam coisas muito distintas, mas todas reivindicam para si a verdade absoluta. Entretanto, vivemos hoje em *um* único mundo e as distâncias não são mais medidas, como outrora, por semanas e meses, e sim por poucas horas. Os povos exóticos perderam sua estranheza, podendo ser vistos nos museus de história natural. Tornaram-se nossos vizinhos e o que, até então, constituía uma prerrogativa do etnólogo transformou-se em problema político, social e psicológico. As esferas ideológicas começam também a se interpenetrar e não está muito longe o tempo em que a questão do entendimento recíproco tornar-se-á aguda também nesse campo. Um entendimento recíproco, porém, não é possível sem uma compreensão penetrante e profunda do outro ponto de vista. A compreensão necessária para isso repercutirá em ambos os lados. A história, no entanto, certamente passará por cima daqueles que acreditam que a sua tarefa é levantar-se contra esse desenvolvimento inevitável, por mais que isso seja necessário e desejável, e se ater apenas ao que é bom e essencial da própria tradição. Apesar de todas as diferenças, a unidade da humanidade haverá de se impor de modo inexorável. A doutrina marxista já jogou essa cartada, enquanto

o Ocidente democrático ainda acredita poder consegui-la por meio da técnica e da ajuda econômica. O comunismo não esqueceu a enorme importância do elemento ideológico e da universalidade dos princípios fundamentais. Tanto os povos exóticos como nós compartilhamos do perigo de um enfraquecimento ideológico e, nesse aspecto, somos tão vulneráveis quanto eles.

O desprezo pelo fator psicológico há de se vingar ainda mais cruelmente. Por isso, já está mais do que na hora de compensar o nosso atraso. Mas parece que isso ainda continuará sendo entendido apenas como um desejo piegas, pois a urgência de autoconhecimento, além de ser extremamente impopular, parece um objetivo incomodamente idealista, cheira a moral e somente se ocupa da sombra psicológica da qual as pessoas evitam de falar, ou até preferem negá-la. A tarefa que se impõe em nossa época deve ser qualificada de quase impossível. Ela apresenta fortes exigências de responsabilidade, caso não venha a se transformar novamente numa *trahison des clercs* (traição do clero). Está dirigida sobretudo aos líderes e instâncias de influência que dispõem da necessária inteligência para compreender a situação de nosso mundo. Assim se poderia esperar que consultassem a sua consciência moral. Todavia, como não se trata de simples compreensão intelectual mas, sobretudo, de uma conclusão moral, não podemos ser muito otimistas. Como se sabe, a natureza não é tão pródiga com seus dons a ponto de dar, por exemplo, a uma grande inteligência também o dom do coração. Via de regra, quando um é dado, o outro falta, quando uma faculdade se aperfeiçoa isso acontece, na maior parte das vezes, à custa de todas as outras. Um capítulo especialmente penoso é precisamente a falta de integração entre sentimento e intelecto que, na experiência, dificilmente se compatibilizam.

570 Não há sentido algum em formular a tarefa que se impõe à nossa época e ao nosso mundo como uma espécie de exigência moral. Pode-se apenas, no melhor dos casos, tentar esclarecer a situação psicológica do mundo de maneira que também os míopes consigam vê-la e exprimi-la em determinadas palavras e conceitos audíveis mesmo para os mais surdos. Devemos contar com a possibilidade de um entendimento e de uma boa vontade do homem e, desse modo, repetir sempre esses pensamentos e essas reflexões tão necessárias. Quem sabe se, por fim, a verdade, e não apenas as mentiras, poderá se disseminar?

571 Com essas palavras, pretendo chamar a atenção de meus leitores para a dificuldade fundamental: o terror que recentemente se abateu sobre a humanidade, lançado pelos Estados ditatoriais, constitui o ponto culminante de todas aquelas atrocidades cuja responsabilidade recai sobre os nossos antepassados, num passado não muito remoto. A começar pelas crueldades e carnificinas, tão frequentes na história europeia, perpetradas pelas nações cristãs, o europeu deve ainda responder por todos os crimes contra os povos de cor durante o período colonial. A esse respeito o homem branco carrega um enorme peso na consciência. Dessa maneira um quadro sombrio do homem comum se esboçou e não poderia ser mais negro. O mal que, de modo manifesto, revela-se no homem e nele habita é incomensurável. E diante disso parece mesmo um eufemismo a Igreja falar de pecado original, pecado da criação, nascido de um lapso relativamente inocente de Adão. O caso é bem mais sério e deveria ser considerado com toda gravidade.

572 Na opinião generalizada de que o homem é aquilo que a sua consciência conhece de si mesmo, diz-se sub-repticiamente que o homem é inocente, o que, na verdade, só acrescenta uma dose de ignorância à maldade dele presente. Não

se pode negar que coisas terríveis aconteceram e ainda acontecem. Contudo, achamos que os responsáveis são sempre os outros, e como esses acontecimentos pertencem sempre a um passado, seja mais próximo ou mais distante, eles rapidamente acabam mergulhando no mar do esquecimento, num estado de espírito completamente ausente e crônico que chamamos de "estado normal". Na realidade, porém, nada desaparece definitivamente e nada pode ser reposto. O mal, a culpa, o medo profundo da consciência moral e as instituições sinistras estão aí para quem quiser ver. Foram homens que cometeram esses atos: eu sou um homem e, enquanto natureza humana, compartilho dessa culpa como também trago em minha própria essência a capacidade e a tendência de fazer, a cada momento, algo semelhante. Do ponto de vista jurídico, mesmo não estando presentes no momento do ato, nós somos, enquanto seres humanos, criminosos em potencial. Na realidade, só nos faltou a oportunidade adequada para nos lançarmos ao turbilhão infernal. Ninguém está fora da negra sombra coletiva da humanidade. Se o crime foi cometido por muitas gerações ou se apenas hoje é que se realiza, isso não altera o fato de que o crime é o sintoma de uma disposição preexistente em toda parte, de que realmente possuímos uma "imaginação para o mal". Apenas o imbecil pode desconsiderar durante todo o tempo as condições de sua própria natureza. Mas é justamente essa negligência que se revela o melhor meio para torná-lo um instrumento do mal. A inocuidade e a ingenuidade são atitudes tão inúteis quanto seria para um doente de cólera e seus vizinhos permanecerem inconscientes a respeito da natureza contagiosa da doença. Ao contrário, estas acabam levando à projeção do mal não percebido nos "outros". Isso só fortalece enormemente a posição contrária, pois, com a projeção do mal, nós deslocamos o medo e a irritação que sentimos em relação ao nosso próprio mal para o opositor, aumentando ainda mais o peso da sua ameaça. Além disso, a perda da possibilidade de compreensão também nos retira a capacidade de *lidarmos com o mal*. Aqui nos vemos diante de um dos preconceitos básicos da tradição cristã e um grande obstáculo a nossa política. Segundo esse princípio, é preciso evitar o mal a todo custo e, se possível, jamais falar dele nem mencioná-lo. O mal é também o "desfavorável", o tabu e a instância do temor. O comportamento apotropeico na relação com o mal e na forma de se lidar com ele (mesmo que aparente) vem ao encontro da tendência característica do homem primitivo de evitar o mal, de não querer percebê-lo e de, se possível, afastá-lo para outras fronteiras, tal como o bode expiatório, no Antigo Testamento, usado para afastar o mal para o deserto.

573   Se entendemos, então, que o mal habita a natureza humana independentemente da nossa vontade e que ele não pode ser evitado, o mal entra na cena psicológica como o lado oposto e inevitável do bem. Essa compreensão nos leva de imediato ao dualismo que, de maneira inconsciente, encontra-se prefigurado na cisão política do mundo e na dissociação do homem moderno. O dualismo não advém da compreensão. Nós é que nos encontramos diante de um estado dissociado. Todavia, seria extremamente difícil pensar que teríamos de assumir pessoalmente essa culpa. Assim, preferimos localizar o mal em alguns criminosos isolados ou em um grupo, lavando as próprias mãos e ignorando a propensão geral para o mal. A inocência, porém, a longo prazo, não será capaz de se manter porque, como nos mostra a experiência, a origem do mal está no próprio homem e não constitui um princípio metafísico como supõe a visão cristã. Esta visão possui a enorme vantagem de retirar esta dura responsabilidade da consciência moral humana, des-

locando-a para o diabo a partir do justo entendimento de que o homem é bem mais uma vítima da sua constituição psíquica do que o seu voluntário criador. Considerando que o mal de nossa época lança tudo o que já atormentou a humanidade num mar de sombras, torna-se, de fato, necessário levantar a questão de sua origem e de seu modo de ser na medida em que, mesmo nos progressos mais benéficos feitos pela aplicação do poder legal, da medicina e da técnica, os homens se valem de instrumentos de destruição impressionantes, capazes de culminar de uma hora para outra na sua destruição total.

Com isso não se quer dizer que os representantes da física moderna sejam todos uns criminosos, uma vez que teriam possibilitado, através de suas pesquisas, um fruto tão especial do engenho humano como a bomba de hidrogênio. Não se pode negar que o insumo de espírito e trabalho espiritual, exigido para construção da física nuclear, foi gasto por seres humanos que se dedicaram com o maior esforço e empenho à sua tarefa e que, no tocante ao seu empenho moral, também mereceriam ser os precursores de uma descoberta útil e benéfica para a humanidade. No entanto, devemos lembrar que, por mais que um passo no caminho de uma descoberta importante comporte uma decisão consciente da vontade, a percepção espontânea, a intuição, desempenha um papel decisivo. Em outras palavras, o inconsciente participa do trabalho, contribuindo muitas vezes de maneira fundamental. Não é apenas o esforço consciente que é responsável pelo resultado, pois, sempre em algum momento, o inconsciente se mistura com seus objetivos e intenções escusas. Se dispuser de uma arma na mão, a utilizará para um ato de violência qualquer. O conhecimento da verdade é a intenção mais elevada da ciência e considera-se mais uma fatalidade do que intenção se, na procura da luz, provocar algum perigo ou ameaça. Não é que o homem de hoje seja mais capaz de cometer maldades do que os antigos ou os primitivos. A diferença reside apenas no fato de hoje ele possuir em suas mãos meios incomparavelmente mais poderosos para afirmar a sua maldade. Embora sua consciência se tenha ampliado e diferenciado, sua qualidade moral ficou para trás, não acompanhando o passo. Esse é o grande problema com que nos defrontamos. Somente a razão não chega mais a ser suficiente.

575 Certamente estaria ao alcance do homem abandonar experimentos de tão grande periculosidade como a fissão nuclear. Contudo, o medo do mal que nele se encontra é tão grande que ele o projeta para o próximo e abdica dessa possibilidade mesmo sabendo que o emprego dessas armas pode significar o fim do nosso mundo. O medo de uma destruição planetária poderia nos salvar do pior, mas essa ameaça continuará pairando como uma nuvem sinistra sobre a nossa existência, caso não encontremos uma ponte capaz de superar a cisão psíquica e política do mundo; ponte essa que deve ser tão segura quanto a existência da bomba atômica. Se adquiríssemos uma consciência igualmente planetária de que toda separação repousa sobre a cisão psíquica entre os opostos, então teríamos descoberto um ponto de apoio. Se, porém, os impulsos tão pequenos e pessoais da psique individual continuarem a não receber nenhuma importância, como foi o caso até hoje, eles se aglutinarão, numa escala incomensurável, nas associações de poder e movimentos de massa que fogem a qualquer controle racional e, por melhor que seja a tentativa de controle, jamais poderão resultar em boa coisa. Todos os esforços diretos nesse sentido não passam de espalhafato em que os seus gladiadores encontram-se possuídos pela ilusão.

O decisivo é o próprio homem que, no entanto, não   576
possui uma resposta para o seu dualismo. Esse abismo apareceu, na verdade, quase que de súbito com os recentes
acontecimentos da história mundial, pois a humanidade
viveu, durante séculos, num estado espiritual que pressupu-
nha como evidente e inquestionável que Deus havia criado
o homem à sua imagem e semelhança, só que numa unidade
menor. De fato, quase não se tem consciência de que cada
indivíduo significa uma pedra na estrutura dos organismos
políticos mundiais e que, por conseguinte, participa como
coautor de seus conflitos. O homem se vê a si mesmo, por
um lado, como uma essência relativamente sem importância e uma vítima de poderes incontroláveis mas, por outro,
carrega dentro de si uma sombra perigosa que o torna um
cúmplice invisível do sinistro exercício de poder do monstro político. Ele pertence à essência dos corpos políticos, na
medida em que só consegue ver o mal no outro assim como
o indivíduo singular tem a tendência quase irremovível de
se livrar de tudo aquilo que não sabe e não quer saber sobre
si, projetando-o no outro.

Para a sociedade, nada é mais alienante e devastador do   577
que esse comodismo e essa irresponsabilidade moral e, por
outro lado, nada é mais provocante para a compreensão e
a aproximação do que o abandono das projeções. Essa cor-
reção tão necessária requer autocrítica, uma vez que não se
pode obrigar a alguém a entender suas projeções. Ele não as
reconhece como tais nem compreende como se pode fazê-
-las. Reconhecer o preconceito e a ilusão como tais somente
é possível quando se está disposto a partir de um conhecimento psicológico geral, duvidar da certeza incondicional
de suas pressuposições e compará-las, de modo cuidadoso
e penetrante, com os fatos objetivos. É interessante que o
conceito de "autocrítica" é muito utilizado também pelos

Estados marxistas, embora não no sentido que lhe damos de uma oposição à razão do Estado. Nesses Estados, a autocrítica deve servi-los e não à verdade e à justiça no trato entre os homens. A massificação não tem absolutamente a intenção de promover a compreensão e a relação entre os homens. É orientada para a atomização, isto é, para o isolamento psíquico do indivíduo. Quanto menos interligados os indivíduos, mais sólida a organização estatal e vice-versa.

578   Não há dúvida alguma de que também no mundo democrático a distância entre homem e homem é bem maior do que se poderia desejar do mesmo modo que bem-estar público está distante das necessidades espirituais. Na verdade, existem muitos esforços no sentido de superar as oposições públicas e privadas, realizados pelo empenho idealista de alguns indivíduos isolados através do apelo ao idealismo, ao entusiasmo e à consciência ética e moral. No entanto, esses esforços não valorizam a autocrítica tão necessária quando se esquecem de perguntar quem estabelece a exigência idealista. Não é aquele que salta sobre a sua sombra para se precipitar com avidez sobre um programa idealista de modo a encontrar aí um bom álibi para a sua própria sombra? Quanta respeitabilidade e aparente moralidade tecem um manto de ilusão para esconder um mundo interior bem diferente e obscuro? Sendo assim, antes de qualquer coisa, importa saber ao certo se aquele que fala de ideais é ele mesmo ideal, a fim de que seus atos e palavras sejam mais do que parecem. O ideal, porém, é impossível, tornando-se portanto um postulado não realizado. Ademais, podemos em geral contar com um faro refinado e perceber que a grande maioria dos idealismos pregados com alarde soam como coisa vazia e só podem ser aceitos quando capazes de confessar o seu contrário. Sem esse equilíbrio, o idealismo transcende o alcance do homem que se vê incrédulo ante

a sua falta de humor e seus blefes, mesmo quando feitos com a melhor das intenções. Blefar com outra coisa significa uma violação ilegítima e uma opressão que nunca podem trazer bons resultados.

O reconhecimento das sombras conduz à modéstia fundamental de que precisamos para admitir imperfeições. Esse reconhecimento e constatação conscientes devem sempre acompanhar as relações humanas. Estas não repousam sobre a diferenciação e a perfeição, pois apenas ressaltam as diferenças ou trazem à tona exatamente o oposto; ela se baseia sobretudo nas imperfeições, naquilo que é fraco, desamparado e necessita de ajuda e apoio. O que é perfeito não necessita dos outros. Já o fraco se comporta diferentemente, buscando apoio no outro e, por isso, não se contrapõe ao parceiro nada que o coloque numa situação inferior ou mesmo que o humilhe. Tal humilhação só pode acontecer facilmente quando num idealismo desempenha um papel por demais eminente.

579

Esse tipo de reflexão não deve ser considerado um sentimentalismo superficial. A questão das relações humanas e da conexão interior é urgente em nossa sociedade, dada a atomização dos homens, que se amontoam uns sobre os outros e cujas relações pessoais se movem na desconfiança disseminada. Onde a insegurança jurídica, a espionagem policial e o terror estão ativos e operantes, os homens buscam inclusive o isolamento que, por sua vez, é o objetivo e a intenção do Estado ditatorial, fundado sobre a aglomeração do maior número possível de unidades sociais impotentes. Diante desse perigo, a sociedade livre precisa encontrar um elo de natureza afetiva, um princípio como, por exemplo, o da caridade que representa o amor cristão ao próximo. A falta de compreensão gerada pelas projeções compromete justamente o amor pelos outros homens. Sendo assim, o

580

mais alto interesse da sociedade livre deveria ser a questão das relações humanas, do ponto de vista da compreensão psicológica, uma vez que sua conexão própria e sua força nela repousam. Onde acaba o amor, têm início o poder, a violência e o terror.

581 Não pretendemos aqui apelar para o idealismo mas somente transmitir uma consciência da situação psicológica. Não sei o que é mais fraco, se o idealismo ou a compreensão popular; sei apenas que é necessário sobretudo tempo para que possam nascer transformações psíquicas de alguma consistência. Por isso uma compreensão que surge paulatinamente parece-me ser de maior eficácia do que um idealismo momentâneo que não chega a durar e a repercutir mais profundamente.

7. O sentido do autoconhecimento

582 O que nossa época vê como sombra e inferioridade da psique humana contém mais do que algo puramente negativo. Já o simples fato de que através do autoconhecimento, através da investigação da própria alma, nós nos deparamos com os instintos e seu mundo de imagens, pode constituir um passo no sentido de esclarecer as forças adormecidas de nossa psique que, embora presentes, passam quase desapercebidas. Trata-se de possibilidades de intensa dinâmica, e a questão se a irrupção dessas forças e visões a elas relacionadas conduz a uma construção ou a uma catástrofe depende apenas do preparo e da atitude da consciência. O médico parece ser o único a saber, pela sua experiência, como o preparo psíquico do homem moderno é precário, pois ele é o único que se vê obrigado a buscar, na natureza do homem singular, todas as forças e ideias que possam servir de ajuda para atravessar a obscuridade e o perigo. Esse trabalho

paciente não pode se valer das fórmulas convencionais "teria que", "deveria", pois com isso ele depositaria em outras instâncias o esforço exigido, contentando-se com o trabalho fácil da repetição. Todos sabemos como a pregação do desejável é inútil, e como a ausência de parâmetros e a forte exigência a ser cumprida acabam fazendo com que se prefira repetir velhos erros a quebrar a cabeça com um problema de ordem subjetiva. Além disso, trata-se sempre de um só indivíduo e não de um milhão, o que talvez valesse o esforço, apesar de se saber que, sem a transformação do indivíduo, nada pode acontecer.

Na verdade, um efeito sobre todos os indivíduos pode não se dar nem mesmo daqui a centenas de anos. A transformação espiritual da humanidade ocorre de maneira vagarosa e imperceptível, através de passos mínimos no decorrer de milênios, e não é acelerada ou retardada por nenhum tipo de processo racional de reflexão e, muito menos, efetivada numa mesma geração. Todavia, o que está a nosso alcance é a transformação dos indivíduos singulares, os quais dispõem da possibilidade de influenciar outros indivíduos igualmente sensatos de seu meio mais próximo e, às vezes, do meio mais distante. Não me refiro aqui a uma persuasão ou pregação, mas apenas ao fato da experiência de que aquele que alcançou uma compreensão de suas próprias ações e, desse modo, teve acesso ao inconsciente, exerce, mesmo sem querer, uma influência sobre o seu meio. O aprofundamento e ampliação da consciência produz os efeitos que os primitivos chamam de "mana". O mana é uma influência involuntária sobre o inconsciente de outros, uma espécie de prestígio inconsciente, e seu efeito dura enquanto não for perturbado pela intenção consciente. [583]

O esforço de autoconhecimento tem também perspectivas de êxito, pois existe um fator que, embora comple- [584]

tamente desconsiderado, satisfaz nossas expectativas. É o *espírito inconsciente da época*. Este compensa a atitude da consciência e, ao mesmo tempo, antecipa, de modo intuitivo, as modificações futuras. A arte moderna nos oferece, nesse aspecto, um bom exemplo. Sob a aparência de um problema estético, ela realiza um trabalho de educação psicológica do público através da destruição e dissolução da visão estética do conceito do belo formal, dos sentidos e conteúdos até então vigentes. O prazer evocado pela imagem artística é substituído pelas frias abstrações de natureza subjetiva que batem bruscamente a porta ante a fruição ingênua e romântica dos sentidos ante o amor obrigatório pelo objeto. Com isso fica bastante claro e evidente como o espírito profético da arte se afastou da referência com o objeto e se dirigiu para o caos obscuro dos pressupostos subjetivos. Na verdade, na medida em que podemos avaliar, a arte, até agora, ainda não revelou, sob o manto da obscuridade, aquilo que une todos os homens e poderia exprimir sua totalidade psíquica. Uma vez que, para esse propósito, a reflexão parece ser indispensável, é possível que essas descobertas pertençam a outros campos da experiência.

585   A obra de arte sempre encontrou sua origem no mito, no processo simbólico inconsciente que se desenvolve através das eras e se torna a raiz de toda criação futura, enquanto manifestação mais originária do espírito humano. O desenvolvimento da arte moderna com sua tendência aparentemente niilista de dissolução deve ser entendido como sintoma e símbolo de um espírito universal de decadência e de renovação do nosso tempo. Esse espírito se manifesta em todos os campos, tanto político como social e filosófico. Vivemos no *kairós* da "transfiguração dos deuses", dos princípios e símbolos fundamentais. Essa preocupação do nosso tempo, que não foi conscientemente escolhida por

nós, constitui a expressão do homem inconsciente em sua transformação interior. As gerações futuras deverão prestar contas dessa modificação e de suas graves consequências, caso a humanidade queira se salvar da autodestruição ameaçadora de seu poder, técnica e ciência.

Como no começo da era cristã, coloca-se novamente o problema do atraso moral da humanidade em geral que se mostra hoje inadequada diante do desenvolvimento científico, técnico e social. Muita coisa está em jogo e agora muito depende manifestamente da qualidade psíquica do homem. Será que ele está a ponto de sucumbir à tentação de usar seu poder para encenar um fim do mundo? Terá ele consciência do caminho em que se encontra e das consequências que podem decorrer tanto da situação mundial como de sua própria situação psíquica? Sabe ele que se encontra na iminência de perder por completo o mito vital da interioridade do homem que o cristianismo lhe preservou? Consegue ele imaginar o que o espera caso essas catástrofes ocorram? Será que ele realmente sabe que tudo isso significaria uma catástrofe? E, por fim, será que ele se conscientizará de que é *ele* o fiel da balança? **586**

Felicidade e contentamento, equilíbrio psíquico e sentido da vida são experiências exclusivas do indivíduo, impossíveis de serem vividas pelo Estado que, de um lado, é em si apenas uma convenção entre indivíduos autônomos e, de outro, traz consigo a ameaça de se tornar onipotente e oprimir o homem singular. O médico pertence àqueles que conhecem as condições do bem-estar psíquico, do qual tanta coisa depende no cômputo social. As condições sociais e políticas presentes possuem, de certo, uma importância a ser considerada mas não superestimada enquanto fatores únicos decisivos para a felicidade ou infelicidade do indivíduo. Todas as metas nesse sentido cometem um erro **587** ao desconsiderar a psicologia do homem, para o qual na verdade deveriam ser dirigidas, e muitas vezes promovem apenas as suas ilusões.

588   Que seja permitido, portanto, a um médico que se ocupou durante toda a sua vida com as causas e as consequências dos distúrbios psíquicos externar modestamente sua opinião pessoal acerca das questões que se levantam com a situação mundial de hoje. O que move meu empenho não é um otimismo exagerado nem o encantamento dos grandes ideais. Minha preocupação visa apenas ao destino, ao bem e ao mal que podem recair sobre o indivíduo singular, essa unidade infinitesimal de quem depende um mundo, a essência individual, na qual – se percebermos corretamente o sentido da mensagem cristã – o próprio Deus busca a sua finalidade.

II
Símbolos e interpretação dos sonhos*

---

* Excertos retirados de C.G. Jung. *A vida simbólica: Escritos diversos* [OC, 18/1] – 6. ed. Petrópolis: Vozes, 2012, § 416-607, tradução de Araceli Elman e Edgard Orth.

O sentido dos sonhos

Por meio da linguagem a pessoa procura denominar as   416
coisas de tal forma que suas palavras expressem aquilo que
deseja comunicar. Mas às vezes emprega conceitos ou signos
que não são descritíveis em sentido estrito e que só podem
ser entendidos mediante pressuposições: basta lembrar as
tantas siglas como ONU, Otan, Ocee que inundam nossos
jornais, ou as logomarcas e os nomes de remédios. Ainda
que deflua deles o que significam, eles só têm sentido preciso para quem os conhece. Essas denominações não são *símbolos*, são mais precisamente *signos*. Chamamos de símbolo
um conceito, uma figura ou um nome que nos podem ser
conhecidos em si, mas cujo conteúdo, emprego ou serventia
são específicos ou estranhos, indicando um sentido oculto,
obscuro e desconhecido. Tomemos, por exemplo, a figura
da acha dupla que aparece muitas vezes nos monumentos
cretenses. Conhecemos o objeto, mas desconhecemos seu
sentido específico. Um hindu, ao voltar de uma visita à
Inglaterra, contou a seus amigos que os ingleses adoravam
animais. Ele realmente havia encontrado figuras de águias,
leões e bois em suas igrejas, mas não sabia que estes animais
eram símbolos dos evangelistas. Há muitos cristãos que não
sabem que estes símbolos provêm da visão de Ezequiel que,
por sua vez, é um paralelo do Horus egípcio e de seus quatro filhos. Outros exemplos são o círculo e a cruz, objetos
conhecidos por todos, mas que em certas circunstâncias podem constituir símbolos e significar algo que dá ensejo a
especulações conflitantes.

417   Um conceito ou uma figura são simbólicos quando significam mais do que indicam ou expressam. Eles têm um aspecto abrangente "inconsciente" que nunca se deixa exaurir ou definir com exatidão. A causa dessa peculiaridade deve ser buscada no fato de no estudo do símbolo o espírito ser levado, em última análise, a representações de natureza transcendental e diante das quais deve capitular nossa compreensão. O círculo, por exemplo, pode levar à representação de um Sol "divino", onde a compreensão racional se mostra incompetente, pois não estamos em condições de definir ou demonstrar um ser divino. Somos apenas humanos e nossa faculdade intelectual é, portanto, limitada. Podemos, evidentemente, chamar alguma coisa de "divina", mas isto é só um nome, um modo de falar, talvez uma confissão de fé, mas nunca uma prova.

418   Como existem muitas coisas que estão além da compreensão humana, usamos frequentes vezes – consciente ou inconscientemente – conceitos e figuras simbólicos quando a elas nos referimos (sem considerar a linguagem eclesial que está cheia disso); não só usamos símbolos, mas também os produzimos espontaneamente em nossos sonhos. O simbolismo é um dado psicológico que merece um aprofundamento maior.

419   Todo ato da apercepção, ou seja, do conhecimento, cumpre só parcialmente sua tarefa, nunca a realizando de modo pleno. Primeiramente, a percepção sensória, que está à base de toda experiência, é limitada pelo número e qualidade restritos de nossos sentidos, o que pode ser compensado até certo ponto pelo emprego de instrumentos, mas não o suficiente para eliminar completamente o campo limítrofe da incerteza. Depois, a apercepção passa o fato observado para um meio aparentemente incomensurável, isto é, para a forma e essência de um acontecimento psíquico,

cuja verdadeira natureza é desconhecida. Desconhecida porque o conhecimento não pode conhecer a si mesmo; a psique não pode saber nada sobre sua própria substância. Por isso há em toda experiência um número indefinido de fatores desconhecidos, sem falar do fato de que o objeto do conhecimento é, de certa forma, sempre desconhecido, porque não podemos conhecer a essência da matéria em si.

Toda ação consciente ou todo acontecimento vivido 420 conscientemente tem duplo aspecto, isto é, um consciente e um inconsciente, assim como toda percepção sensória tem um aspecto subliminar: por exemplo, o tom abaixo ou acima do limiar auditivo, ou a luz abaixo ou acima do limiar visual. A parte inconsciente do acontecimento psíquico alcança a consciência – se a alcança – apenas por via indireta. O acontecimento que revela a existência de seu lado inconsciente está marcado por sua emotividade ou por um interesse vital que não foram reconhecidos conscientemente. A parte inconsciente é uma espécie de segunda intenção que no decorrer do tempo poderia tornar-se consciente com a ajuda da intuição e através de uma reflexão mais profunda. Contudo, o acontecimento pode manifestar seu aspecto inconsciente – e este é em geral o caso – num sonho. Mas o sonho mostra o aspecto subliminar na forma de *imagem simbólica* e não como pensamento racional. Foi a compreensão dos sonhos que, pela primeira vez, nos deu oportunidade de examinar o aspecto inconsciente de acontecimentos psíquicos conscientes e de pesquisar sua natureza.

O engenho humano levou muito tempo para chegar a 421 uma compreensão mais ou menos racional e científica do significado funcional dos sonhos. Freud foi o primeiro a tentar esclarecer empiricamente o pano de fundo inconsciente da consciência. Partiu do pressuposto geral de que as conexões oníricas estavam ligadas a representações conscientes através da lei da associação, isto é, através de dependência causal, e não eram simples acasos. Este pressuposto não é de forma alguma aleatório mas se baseia no fato empírico, já observado de há muito por neurólogos, sobretudo por Pierre Janet, de que os sintomas neuróticos estão relacionados com alguma experiência consciente. Parecem até constituir campos separados da consciência que em outro tempo e sob outras condições podem ser conscientes, assim como uma anestesia histérica pode manifestar-se por instantes, desaparecer imediatamente e, pouco depois, reaparecer. Breuer e Freud reconheceram há mais de meio século que os sintomas neuróticos são importantes e significativos na medida em que exprimem determinada ideia. Em outras palavras, são simbólicos como os sonhos: *eles simbolizam.* Por exemplo, um paciente, confrontado com uma situação difícil, é acometido de um espasmo quando quer engolir: "não consegue engolir". Sob circunstâncias semelhantes, outro paciente tem asma: "não consegue respirar o ar em casa". Um terceiro sofre de forte paralisia das pernas: não consegue andar, isto é, "não consegue mais andar". Um quarto vomita tudo que come: "não consegue digerir", e assim por diante. Da mesma forma poderiam ter tido sonhos desse tipo.

422 Naturalmente os sonhos apresentam maior variedade e muitas vezes estão cheios de fantasias pitorescas e exuberantes, mas podem ser atribuídos em última análise à mesma ideia fundamental quando se segue o método original de Freud, o chamado método da "livre-associação". Este método consiste simplesmente em deixar o paciente falar à vontade sobre suas imagens oníricas. É exatamente isto que o médico não psicólogo não deixa acontecer. Devido ao pouco tempo disponível, reluta em deixar que o paciente fale quase sem parar sobre suas fantasias. Mal sabe ele que seu paciente está neste momento pronto a trair-se e a

revelar o pano de fundo inconsciente de seu sofrimento. Quem falar o tempo suficiente vai trair-se inevitavelmente pelo que diz e pelo que intencionalmente evita dizer. Pode fazer o máximo de esforço de desviar o médico e a si mesmo dos fatos reais, mas em pouco tempo fica patente qual o ponto que tentou contornar. Por meio de um palavreado aparentemente prolixo e irracional, descreve inconscientemente determinado campo ao qual volta sempre de novo e em renovada tentativa de ocultá-lo. Em sua descrição emprega inclusive símbolos que aparentemente servem à sua intenção de esconder e evitar os fatos, mas que apontam constantemente para o cerne de sua desagradável situação.

Se tiver paciência suficiente, vai ouvir uma profusão de 423 falas simbólicas que se destinam aparentemente a esconder do conhecimento consciente alguma coisa, um segredo. Um médico percebe muita coisa do lado sombrio da vida, a ponto de raras vezes enganar-se quando interpreta o aceno que o paciente lhe faz como sinal de má consciência. O que descobre ao final confirma infelizmente suas expectativas. Até agora ninguém pôde objetar nada à teoria freudiana da repressão e da satisfação do desejo como supostas causas do simbolismo dos sonhos.

Mas, se considerarmos a seguinte experiência, ficaremos 424 em dúvida: Um colega e amigo meu que viajou por muitas horas num trem russo tentou decifrar as letras cirílicas das placas e caiu numa espécie de devaneio sobre o que poderiam significar e – seguindo o princípio da "livre-associação" – o que elas lhe lembravam; imediatamente estava mergulhado em todo tipo de reminiscências. Para pesar seu, descobriu entre elas também alguns companheiros antigos e bem desagradáveis de noites de insônia, seus "complexos", temas reprimidos e cuidadosamente relegados que o médico apontaria com satisfação como as causas mais prováveis de uma neurose ou como o significado mais plausível de um sonho.

425 Mas não houve sonho; apenas "livre-associação" de letras incompreensíveis, o que significa que se pode chegar ao centro a partir de qualquer um dos quatro pontos cardeais. Por meio da livre-associação chega-se às ideias críticas e ocultas, não importando o ponto de partida, sejam eles sintomas, sonhos, fantasias, letras cirílicas ou quadros de arte moderna. Em todo caso, este fato nada diz sobre sonhos e seu verdadeiro significado. Indica simplesmente a existência de um material, pronto para a associação, que circunvagueia livremente. Muitas vezes os sonhos possuem uma estrutura bem marcante, voltada, por assim dizer, para um objetivo, e fazem supor que em sua base estejam uma ideia e uma intenção, mas que normalmente não são diretamente acessíveis à compreensão.

426 Esta experiência abriu-me os olhos; mas sem rejeitar de todo a ideia da "associação", cheguei à conclusão de que era preciso voltar a atenção mais para o sonho em si, isto é, para sua forma e mensagem específicas. Por exemplo, alguém sonha com uma pessoa desmazelada, bêbada e vulgar que se diz "sua esposa". A crua mensagem do sonho é chocante e muito longe da realidade, mas o sonho fez sua parte. Naturalmente esta mensagem não é aceitável e é logo rejeitada como absurdo onírico. Se deixarmos que o paciente associe livremente sobre o sonho, tentará, com grande probabilidade, afastar-se o máximo possível daquela ideia chocante e vai aportar finalmente em um de seus principais complexos, sem que tenhamos apreendido alguma coisa sobre o sonho em si. O que será que o inconsciente quis dizer através de uma mensagem totalmente irreal?

427 Se alguém, com menos experiência e conhecimento no campo dos sonhos, quiser defender o ponto de vista de que

os sonhos são apenas fenômenos caóticos sem significado algum, está em seu direito. Mas se os considerarmos, o que realmente são, como acontecimentos normais, então é preciso tomá-los como produtos causais, isto é, racionais, ou como visando a um objetivo, ou ambas as coisas. Em outras palavras, é preciso considerá-los como significativos.

Na verdade existe aqui a representação de uma pessoa decaída do sexo feminino que é parenta próxima do sonhador. Esta representação é projetada sobre a esposa, o que é falseado pela mensagem. Mas com que se relaciona então? [428]

Inteligências perspicazes já sabiam na Idade Média que "todo homem traz dentro de si sua mulher"[10]: esta nossa feminilidade subordinada eu a chamei de *anima* (ainda voltarei a isso mais tarde). Ela consiste principalmente numa espécie de relacionamento inferior com o seu meio – sobretudo com as mulheres – que escondemos cuidadosamente dos outros e de nós mesmos. A personalidade de um homem pode estar perfeitamente normal para fora, enquanto o lado da *anima* se encontra às vezes numa situação lastimável. Este era o caso do nosso sonhador: seu lado feminino não era agradável. A mensagem aplicada à sua *anima* acertou o alvo em cheio ao dizer-lhe: Você se comporta como uma mulher degenerada. Isto é um golpe baixo e quer sê-lo. Mas não se deve tomar este caso como prova da natureza moral do inconsciente. É apenas uma tentativa de fornecer um contrapeso à unilateralidade da consciência do sonhador que imaginava ser um cavalheiro perfeito. [429]

Experiências semelhantes ensinaram-me a desconfiar da livre-associação. Não fui mais atrás de associações que estavam distantes e se desviavam da mensagem manifesta [430]

---

10. DOMINICUS GNOSIUS. *Hermetis Trismegisti Tractatus vere aureus de Lapide philosophici secreto* (1610), p. 101.

do sonho. Em vez disso, concentrei-me no próprio texto do sonho como sendo aquilo que era intencionado pelo inconsciente. Comecei a rodear o sonho como tal, sem perdê-lo de vista por nenhum instante, assim como se toma um objeto na mão, examinando-o de todos os lados para perceber cada uma de suas peculiaridades.

431   Mas por que levar em consideração os sonhos, estas ilusões fúteis, fugazes, duvidosas, vagas e incertas? Merecem eles nossa atenção? Nosso racionalismo não o recomendaria; e a história da interpretação dos sonhos foi até aqui sempre um ponto delicado; altamente desanimadora, de fato, e, para dizer pouco, extremamente "não científica". Abstraindo-se do conteúdo das psicoses, neuroses, mitos e dos produtos das diversas artes, *os sonhos são as fontes mais numerosas e mais acessíveis em geral para a pesquisa sobre a capacidade simbolizadora das pessoas.* Os produtos artísticos são mais singulares, mais complicados e de compreensão mais difícil, pois, quando se trata da originalidade individual, não dá para arriscar uma interpretação desses produtos inconscientes sem a ajuda do autor. Os sonhos são de fato a fonte de todo o nosso conhecimento sobre o simbolismo.

432   Como já demonstrei, não é possível inventar símbolos e, onde quer que apareçam, nunca são produzidos pela intenção consciente e por escolha da vontade. Se tivéssemos adotado tal procedimento, nada mais teriam sido do que sinais e abreviações de pensamentos conscientes. Os símbolos são produzidos espontaneamente por nós, como podemos ver em nossos sonhos, que não são pensados por nós, mas acontecem. Eles não são compreensíveis de imediato, mas precisam de análise cuidadosa, com o auxílio da associação; mas não da "livre-associação", como já mencionei acima, que em última instância sempre leva a ideias emocionais e a complexos que mantêm inconscientemente presa nossa mente.

Para chegar lá não há necessidade de sonhos. Nos inícios da psicologia clínica predominava em geral a opinião de que a análise dos sonhos devia servir para a descoberta de complexos. Para alcançar este objetivo basta recorrer ao *experimento de associações* que nos dá as indicações necessárias, conforme já demonstrei há muitos anos. E nem este experimento é necessário, pois é possível chegar ao mesmo resultado se deixarmos que as pessoas falem o tempo suficiente.

Comecei a supor que os sonhos poderiam ter uma outra e mais interessante função. O fato de levarem em última análise aos complexos não pode ser mérito específico. Se quisermos saber o que significa um sonho e qual sua função específica, então temos que procurar contornar o produto inevitável, isto é, o complexo. Para que a tentativa de interpretação tenha êxito, temos que colocar um limite à soberania da "livre"-associação, impor uma restrição que está no próprio sonho. Pela livre-associação afastamo-nos da imagem onírica individual perdendo-a de vista. Mas é preciso que nos atenhamos mais firmemente ao sonho e à sua forma individual. O sonho limita-se a si mesmo. Ele é seu próprio critério para o que dele faz parte e para o que dele se desvia. Todo o material que se encontra fora da extensão do sonho ou que ultrapassa seus limites traçados por sua forma individual leva ao erro e só faz com que apareçam os complexos dos quais não sabemos se pertencem ao sonho ou não, pois podem ser suscitados por muitos outros modos. Há, por exemplo, uma quantidade quase infinda de imagens pela qual pode ser "simbolizado" ou, melhor, alegorizado o ato genital. Mas o sonho intenciona sua expressão específica, apesar do fato de as associações subsequentes

433[11]

---

11. Na edição inglesa foram colocadas no início desse parágrafo as duas frases iniciais do § 444 [N.T.].

levarem à representação do ato genital. Isto não é novidade e é evidente, mas o verdadeiro nó da questão é entender por que o sonho escolheu sua expressão individual.

434   Na interpretação dos sonhos só deveria ser usado o material que, através de seu simbolismo, se apresenta como pertencendo clara e inequivocamente ao sonho. Enquanto a livre-associação procede em relação ao tema quase que em linhas ziguezagueantes, o novo método – conforme já o disse muitas vezes – é antes um *movimento circular*, cujo ponto central é a imagem onírica. A concentração está toda voltada ao tema específico, ao sonho em si, não considerando as insistentes tentativas do sonhador de fugir do sonho. Esta tendência "neurótica" de dissociação, que sempre está presente, tem muitos aspectos e, em última análise, parece consistir numa resistência fundamental da consciência contra tudo o que é inconsciente e desconhecido. Como sabemos, esta resistência, muitas vezes apaixonada, é típica da psicologia das culturas primitivas que são geralmente conservadoras e têm tendências declaradamente misoneístas. Tudo o que é novo e desconhecido provoca temores fortes e supersticiosos. Os primitivos apresentam todas as reações dos animais selvagens contra acontecimentos importunos. Mas nossa civilização altamente diferenciada não está livre desses comportamentos primitivos. Uma nova ideia que não concorda exatamente com a expectativa geral encontra sérios empecilhos de ordem psicológica. Ela não é considerada como ganho, mas é temida, combatida e abominada de todas as maneiras. Muitos pioneiros têm histórias tristes para contar só por causa do misoneísmo de seus concidadãos. No que se refere à psicologia, uma das ciências mais novas, podemos ver em plena ação o misoneísmo, e na ocupação com os nossos sonhos observamos sem dificuldade nossa própria reação quando temos que confessar uma ideia desagradável.

É sobretudo o medo do inesperado e do desconhecido que faz com que as pessoas aproveitem com ansiedade a livre-associação como meio de fuga. Não sei quantas vezes usei, em meu trabalho profissional, as seguintes palavras: "Vamos voltar ao sonho! O que ele diz?"

Se quisermos entender um sonho, é preciso tomá-lo a sério e pressupor que ele significa o que realmente diz, pois não há razão plausível para supor que ele seja outra coisa do que é. Mas a aparente futilidade dos sonhos é tão convincente que não só o sonhador mas também o intérprete podem facilmente sucumbir ao preconceito do "nada mais do quê". Quando um sonho se torna difícil e recalcitrante, é grande a tentação de abandoná-lo por completo.

435

Ao realizar estudos psicológicos junto a uma tribo primitiva na África Oriental, fiquei surpreso ao constatar que os membros da tribo negavam ter qualquer sonho. Em conversas pacientes e indiretas, dei a entender que eles tinham sonhos como qualquer outra pessoa, mas que estavam convencidos de que não tinham significado algum. "Sonhos de pessoas comuns não significam nada", disseram eles. De acordo com a opinião deles, os únicos sonhos que tinham alguma importância eram os dos chefes ou dos curandeiros que se referiam ao bem-estar da tribo. Estes sonhos mereciam grande consideração. A única desvantagem era que o chefe bem como o curandeiro afirmavam não ter mais sonhos "desde que os ingleses" estavam no território: o comissário do distrito havia assumido a função dos "grandes sonhos".

436

Este caso mostra, por exemplo, como é ambivalente a opinião sobre os sonhos, mesmo numa sociedade primitiva, exatamente como em nossa sociedade, onde a maioria não liga para sonhos, enquanto apenas uma minoria lhes atribui grande valor. A Igreja já conhece há muito tempo os "somnia a Deo missa" (sonhos enviados por Deus); e vimos

437

se desenvolvendo uma disciplina científica que se propôs a pesquisa do campo incomensurável dos processos inconscientes. Mas a "pessoa de nível médio" não pensa sobre os sonhos, e inclusive a pessoa de boa formação participa via de regra da ignorância generalizada e deprecia tudo o que, mesmo de longe, tenha algo a ver com o "inconsciente".

438   Até mesmo a existência de uma psique inconsciente é negada por grande número de cientistas e filósofos que muitas vezes apelam para o ingênuo argumento de que, se existisse uma psique inconsciente, haveria no indivíduo dois sujeitos em vez de um só. Mas é precisamente este o caso, apesar da suposta unidade da personalidade. Inclusive, o grande problema de hoje é que existem muitas pessoas cuja mão direita não sabe o que faz a esquerda. E não é apenas o neurótico que está nesse dilema; ao contrário, é o sintoma de uma ignorância generalizada que não representa um fato novo nem foi adquirida num momento histórico determinado como, por exemplo, a partir do advento da moral cristã, mas é uma herança geral da humanidade.

439   O desenvolvimento e ampliação da consciência é um processo lento e penoso que levou incontáveis éons para alcançar o grau da civilização que nós situamos mais ou menos aleatoriamente à época da descoberta da escrita, por volta de 4.000 a.C. Apesar de nosso desenvolvimento, desde então, parecer considerável, está muito longe de sua perfeição. Campos infindamente amplos de nossa mente continuam escondidos no escuro. O que denominamos "psique" não é de modo algum idêntico à nossa consciência e seu conteúdo. Aqueles que negam a existência do inconsciente não têm certeza de estarem realmente pressupondo que nosso conhecimento da psique seja pleno e que não haja mais espaço para novas descobertas futuras. É como se quisessem colocar nosso atual conhecimento

sobre a natureza como o ápice de todo conhecimento possível. Nossa psique é uma parte da natureza e seu mistério é igualmente insondável. Não podemos definir "natureza" e "psique", podemos apenas constatar o que atualmente entendemos por elas. Ninguém em sã consciência poderia fazer uma afirmação como esta: "não existe inconsciente", isto é, conteúdos psíquicos dos quais ele ou os outros não tenham consciência; nem queremos mencionar o acúmulo de provas concludentes que a ciência médica reuniu. Não é a responsabilidade ou honestidade científica que provoca esta resistência, mas um misoneísmo antiquíssimo, o medo do novo e do desconhecido.

Para esta atitude peculiar de resistência a partes inconscientes da psique há razões históricas ponderáveis. A consciência é obviamente uma conquista bem nova da natureza e, como tal, encontra-se ainda num estágio "experimental". Isto significa que é frágil, ameaçada por certos perigos e facilmente vulnerável. Um dos distúrbios psíquicos mais frequentes nos primitivos é a "perda de sua alma", o que significa, conforme a expressão diz, uma notável dissociação da consciência. No plano mental do primitivo, a psique ou alma não é uma unidade, como se pressupõe em geral. Muitos primitivos acreditam que o indivíduo, além de sua própria alma, ainda possui uma "alma da selva" que está encarnada num animal selvagem ou numa árvore. Está ligada ao indivíduo humano através de uma espécie de identidade psíquica ou, como diz Lévy-Bruhl, de uma "participation mystique"[12]. Se for um animal, este será como um irmão para a pessoa; e esta irmandade vai tão longe que, se alguém,

440

---

12. Para evitar mal-entendidos devo lembrar que Lévi-Bruhl infelizmente retirou depois este termo devido a pressões da crítica negativa. Mas seus críticos não têm razão, pois a identidade inconsciente é um fato psicológico bem conhecido.

por exemplo, tiver como irmão um crocodilo, pode, segundo dizem, atravessar a nado sem perigo um rio infestado de crocodilos. Se for uma árvore, ela exercerá sobre o indivíduo uma espécie de autoridade paterna. Uma lesão da alma da selva significa uma lesão correspondente do indivíduo. Outros acham que a pessoa tem mais de uma alma, donde se depreende que o primitivo tem a sensação de ser constituído de mais de uma unidade. Isto significa que sua psique está longe de formar um composto firme; ao contrário, está em constante perigo de decompor-se sob o assalto de sentimentos incontroláveis.

441   O que é possível observar na esfera aparentemente longínqua do espírito primitivo não desapareceu, de forma alguma, de nossa civilização avançada. Muitas vezes não sabe nossa mão direita o que faz a esquerda e, tomados pela emoção, esquecemos quem somos, a ponto de as pessoas dizerem: Será que o diabo entrou nele? Disposições humorais tomaram conta de nós e nos modificam, de repente já não conseguimos mais aceitar argumentos racionais, ou fatos importantes desaparecem completamente de nossa memória. Não é uma coisa óbvia estarmos sempre em condições de "nos dominar". Autodomínio é uma virtude e, por isso, é rara e notável. Basta perguntar aos amigos ou parentes quando queremos saber algo de nós mesmos de que não tínhamos a menor noção. Fascinados pela trave no olho do irmão, esquecemos ou omitimos quase sempre aplicar a nós mesmos a crítica que esbanjamos sobre os outros.

442   Todos esses fatos amplamente conhecidos não deixam dúvida de que, apesar das alturas de nossa civilização, a consciência humana ainda não alcançou um grau adequado de continuidade. Ela é ainda dissociável e vulnerável; mas isto é de certa forma bom, pois a dissociabilidade da psique pode constituir uma vantagem na medida em que nos capacita a

concentrar-nos num só ponto, com exclusão de tudo o mais que pudesse reclamar nossa atenção. Há portanto grande diferença se a consciência separa e reprime intencional e passageiramente uma parte da psique, ou se acontece a alguém que a psique se divide espontaneamente, sem nosso conhecimento e concordância, ou mesmo contra a nossa vontade. O primeiro caso é um produto da civilização, o segundo é um estado primitivo e arcaico ou um acontecimento patológico e a causa de uma neurose. E uma "perda da alma", um sintoma de primitivismo psíquico ainda existente.

Na verdade, resta um longo caminho do primitivismo até uma coerência confiável da consciência. Mesmo em nossa época a consciência é ainda um assunto duvidoso, pois basta uma pequena emoção para explodir sua continuidade. Por outro lado, o domínio de nossos sentimentos, por mais desejável que possa ser, permaneceria uma conquista problemática, se com isso nossa vida social perdesse em variedade, colorido, calor e charme.

443

2. As funções do inconsciente

À base do sonho está sem dúvida uma forte emoção da qual participam os complexos costumeiros, o que, aliás, era de se esperar. Eles são os pontos fracos e nevrálgicos da psique que reagem em primeiro lugar e sobretudo a uma situação externa problemática. Nosso novo método trata o sonho como um fato sobre o qual não há opiniões preconcebidas, com exceção do pressuposto de que ele tem algum sentido. Isto é o que toda ciência pressupõe, ou seja, que seu objeto merece um exame. Por menor que seja a importância atribuída ao chamado "inconsciente", deve ser colocado no

444[13]

---

13. Cf. § 433.

mínimo no mesmo plano dos piolhos e outros insetos que são objeto de interesse verdadeiro do entomólogo. E quanto à suposta audácia da hipótese de que existe uma psique inconsciente, devo sublinhar que é muito difícil pensar em outra formulação mais simples. É tão simples que se parece quase a uma tautologia: um conteúdo da consciência desaparece e perde sua capacidade de reprodução. O que no melhor dos casos se pode dizer sobre isso é: a ideia (ou o que quer que tenha sido) tornou-se inconsciente ou sumiu da consciência de modo que já não é possível trazê-la de volta à memória. Ou pode acontecer também que tenhamos um pressentimento ou um palpite de algo que está a ponto de irromper na consciência: "algo está no ar", "aí tem sujeira", e assim por diante. Nestes casos não se trata de afirmação ousada se falarmos de conteúdos latentes e inconscientes.

445   Quando algo desaparece da consciência, não quer dizer que evapora no ar ou deixa de existir, mas é semelhante a um carro que some atrás da curva. Simplesmente não está mais à vista e assim como podemos reavistar o carro, também uma ideia anteriormente perdida pode reaparecer. Não há razão para supor que conteúdos psíquicos, passageiramente obscurecidos, deixem de existir. Apenas não estão à vista. Com a sensação não é diferente, conforme prova a seguinte experiência: Quando se produz um som um pouco acima do limiar auditivo, pode-se observar, numa escuta mais atenta, que, a intervalos regulares, ele se torna audível e depois novamente inaudível. Essas oscilações podem ser atribuídas ao aumento ou diminuição periódicos da atenção. O som nunca deixa de existir com intensidade constante. É tão somente nossa atenção diminuída que causa seu aparente desaparecimento.

446   Portanto, o inconsciente consiste em primeiro lugar de uma multiplicidade de conteúdos passageiramente obscu-

recidos. Quando observamos uma pessoa distraída em sua atividade, podemos ver, por exemplo, como ela se dirige a um determinado lugar em seu quarto, com a evidente intenção de pegar alguma coisa. De repente para, perplexa: esqueceu por que se levantara e o que queria pegar. Começa a mexer inadvertidamente com os dedos das mãos, olhando para um grande sortimento de objetos e não tendo a menor noção do que realmente procura. De repente acorda: encontrou o que procurava, ainda que houvesse esquecido o que era. Comporta-se como um sonâmbulo que esqueceu sua intenção original mas que, apesar disso, é guiado por ela. Observando o comportamento de um neurótico, podemos encontrar centenas de exemplos em que ele pratica ações aparentemente conscientes e intencionais: se o interrogarmos a respeito, constatamos, para maior surpresa dele, que estava inconsciente em relação a isso, ou pretendia fazer bem outra coisa. Ele ouve, mas não ouve; ele enxerga, mas está cego; ele sabe e, ao mesmo tempo, não sabe. Os especialistas testemunharam milhares de observações desse tipo em que conteúdos inconscientes se comportam como se fossem conscientes, não havendo certeza se em tais casos as ideias, palavras ou ações são conscientes ou não. Alguma coisa que nos é tão evidente que não conseguimos imaginar seja ela invisível para outra pessoa pode simplesmente não existir para nosso próximo. Apesar disso pode ele comportar-se como se estivesse tão consciente dela quanto nós mesmos.

Esta incerteza levou ao preconceito médico de que os pacientes histéricos eram mentirosos inveterados. No entanto, o exagero de mentiras que eles parecem contar deve ser atribuído a seu estado psíquico, isto é, à dissociabilidade de sua consciência que se eclipsa de modo imprevisível assim como sua pele apresenta pontos anestésicos inesperados e variáveis. Não há certeza se uma espetada de agulha é sentida ou não. Se sua atenção estiver fixada num ponto determinado, pode acontecer que toda a superfície de seu corpo fique anestesiada. Diminuindo a atenção, estabelece-se imediatamente a percepção sensória. Se, além disso, esses casos forem hipnotizados, é possível provar facilmente que o paciente tem consciência de tudo o que foi feito com ele num ponto anestesiado ou durante o eclipse da consciência. Consegue lembrar-se de todos os detalhes, como se tivesse estado em plena consciência durante o experimento. Lembro-me do caso de uma senhora que foi trazida para a clínica num estado de completo estupor (estado de inconsciência profunda). Ao voltar à consciência no dia seguinte, sabia quem ela era mas não sabia onde estava nem como e por que fora parar ali; também sabia a data. Eu a hipnotizei e ela me contou a história, facilmente comprovável, por que havia adoecido, como chegara à clínica e quem a havia recebido, e tudo nos mínimos detalhes. Lembrava-se perfeitamente da hora e do minuto em que dera entrada na clínica, pois havia no saguão de entrada um relógio, ainda que não estivesse num lugar muito evidente. Tudo transcorreu como se estivera em estado perfeitamente normal e não num estado de inconsciência profunda.

448   É certo que a maior parte de nosso material comprobatório provém de observações clínicas. Por causa disso muitos críticos dizem que o inconsciente e suas manifestações pertencem ao campo da psicopatologia na condição de sintomas neuróticos e psicóticos, e que eles não ocorrem em estado psíquico normal. Mas já foi comprovado há muito tempo que os fenômenos neuróticos não são produto exclusivo de doença. São antes e basicamente acontecimentos normais, patologicamente exagerados e, por isso, mais evidentes do que seus paralelos normais. Podemos, de fato, observar em indivíduos normais um conjunto de sintomas

histéricos, em forma reduzida, e que devido à sua pouca ênfase passam despercebidos. Sob este aspecto também a vida cotidiana é uma rica fonte de nosso material comprovador.

Assim como podem desaparecer no inconsciente conteúdos conscientes, também podem reaparecer conteúdos do inconsciente. Ao lado de uma maioria de simples recordações, podem aparecer ideias realmente novas e criadoras que antes nunca foram conscientes. Elas nascem da profundeza escura como o lótus e constituem parte importante da psique subliminar. Este aspecto é de importância especial quando se lida com sonhos: é preciso ter presente que o material do sonho nem sempre se constitui forçosamente de recordações; pode também conter ideias novas que ainda não são conscientes. 449

O esquecimento é um processo normal em que certos conteúdos conscientes perdem sua energia específica através do desvio da atenção. Quando o interesse se volta para outras coisas, relega à sombra conteúdos anteriores, à semelhança de um holofote que, ao iluminar nova área, deixa no escuro a área anterior. Isto é inevitável, pois a consciência só pode reter de uma vez algumas poucas ideias com plena clareza; e mesmo esta clareza está sujeita a oscilações, conforme já alertei anteriormente. Enquanto conteúdos subliminares permanecem, contra nossa vontade, fora do alcance visual, falamos de esquecimento. Conteúdos esquecidos não deixam de existir. Mesmo que não possam ser reproduzidos voluntariamente, estão presentes em estado subliminar do qual podem surgir espontaneamente a qualquer momento e, às vezes, de modo surpreendente, como, por exemplo, após muitos anos de total esquecimento, ou podem ser superados através da hipnose. 450

Além do esquecimento normal, há casos, descritos por Freud, que têm a ver com recordações desagradáveis que 451 gostaríamos de ver sumidas. Nietzsche já apontou para o fato de que, quando nosso orgulho é suficientemente pertinaz, nossa memória prefere ceder[14]. Por isso encontramos entre as qualidades perdidas não poucas que devem ao seu caráter insuportável seu estado subliminar e sua incapacidade de deixar-se reproduzir à vontade. Damos a elas o nome de conteúdos reprimidos.

452 Como paralelo ao esquecimento normal, queremos lembrar as percepções subliminares dos sentidos, pois desempenham papel importante em nossa vida cotidiana. Vemos, ouvimos, cheiramos e degustamos muitas coisas, sem nos darmos conta disso, ou porque nossa atenção está desviada, ou porque, devido à fraqueza do estímulo, a impressão não é suficientemente forte. Apesar de sua aparente não existência, podem influenciar a consciência. Exemplo bem conhecido é o do professor que passeia com um aluno seu, mergulhado numa conversa séria. De repente, percebe que sua linha de pensamento é interrompida por um afluxo inesperado de recordações de sua infância. Não consegue explicar o fato, pois não está em condições de descobrir qualquer conexão associativa com o tema da conversa. Para e olha para trás: a pequena distância encontra-se uma propriedade agrícola pela qual haviam passado; e ele se lembra que logo depois começaram a surgir em sua mente as imagens de sua infância. Disse ao aluno: "Voltemos àquela propriedade rural, pois deve ter sido lá que começaram minhas fantasias". De volta à propriedade, o professor sentiu o cheiro de gansos. Logo se deu conta da causa da interrupção de seu pensamento: quando criança vivera numa proprieda-

---

14. *Jenseits ron Gut und Böse*, IV, 68: "Isto eu fiz, diz minha memória. Isto eu não posso ter feito, diz meu orgulho, e fica irredutível. Finalmente, a memória cede" (Werke, VII, p. 94).

de rural, onde havia gansos, cujo cheiro característico deixara nele uma impressão duradoura e causara a reprodução das imagens da memória. Ao passar pela propriedade rural, havia registrado subliminarmente o cheiro, e a percepção inconsciente havia reconduzido à memória as recordações de há muito esquecidas.

Este exemplo mostra como a percepção subliminar liberou recordações da infância, cuja tensão energética foi suficientemente forte para interromper a conversa. A percepção foi subliminar porque a atenção estava empenhada em outra coisa e o estímulo não foi suficientemente forte para desviá-la e atingir diretamente a consciência. Estes fenômenos são frequentes na vida cotidiana, mas permanecem em geral despercebidos. [453]

Fenômeno raro, mas por isso mesmo muito surpreendente, é a chamada criptomnésia, a "lembrança oculta". Consiste em que, de repente, na maioria das vezes durante a redação inventiva de um texto, ocorre uma palavra, uma frase, uma imagem, uma metáfora ou uma história inteira que podem apresentar características estranhas e notáveis. Se perguntarmos ao autor donde provém este fragmento, não sabe responder e fica claro que isto não lhe pareceu algo esquisito. Gostaria de mencionar um caso desses, encontrado no livro de Nietzsche, *Assim falou Zaratustra*[15]. O autor descreve a descida de Zaratustra ao inferno com os detalhes precisos e característicos que coincidem verbalmente com uma descrição no diário de bordo de um navio de 1686[16]. [454]

---

15. Werke, VI, p. 191 (cf. JUNG, C.G. vol. I, p. 11).

16. KERNER, J. (org.). *Blätter aus Prevorst*. – Originalien und Lesefrüchte für Freunde des inneren Lebens, mitgetheilt von dem Herausgeber der Seherin aus Prevorst. IV. Karlsruhe: [s.e.], 1833, p. 57.

455 Assim falou Zaratustra...

(...através do próprio vulcão, porém, o estreito caminho conduzia para baixo, chegando a esta porta do submundo).

Naquele tempo em que Zaratustra estava na Ilha Feliz, aconteceu que um navio ancorou na ilha onde se encontrava a montanha fumegante; sua *tripulação desembarcou em terra para caçar lebres. Por volta do meio-dia, quando o capitão e seus homens estavam novamente reunidos, viram de repente um homem aproximar-se deles, vindo pelo ar,* e uma voz disse claramente: *"Já é tempo! Está mais do que na hora!"* Como, *porém, a figura estivesse bem perto deles* – voou, no entanto, com muita rapidez, qual sombra, na direção do vulcão – reconheceram com o maior espanto tratar-se de Zaratustra; todos já o tinham visto, com exceção do capitão. "Olhem!, disse o velho timoneiro, *Zaratustra está indo para o inferno"*.

Um extrato assustador do diário de bordo do navio Sphinx, do ano de 1686, no mar Mediterrâneo.

Os quatro capitães e um comerciante, senhor Bell, *dirigiram-se à praia* da ilha do Monte Stromboli *para caçar lebres.* Por volta das três horas, *reuniram todos os homens* para ir a bordo; para indizível surpresa deles *viram aparecer dois homens que se aproximavam rapidamente vindo através do ar:* um deles estava vestido de preto, o outro trajava roupa cinza; *passaram bem perto deles, na maior pressa,* e, para o maior espanto deles, desceram no meio das chamas ardentes *da cratera do terrível vulcão do Monte Stromboli.* (As referidas pessoas foram identificadas como sendo conhecidos de Londres.)

456

Quando li a história de Nietzsche, chamou-me a atenção seu estilo singular, diferente da linguagem usual empregada pelo autor; chamou-me a atenção também o estranho cenário do capitão com sua tripulação, do navio ancorado nas proximidades da ilha mitológica, dos homens que foram caçar lebres e da descida ao inferno do homem que foi identificado pelas testemunhas como um velho conhecido. Isto não poderia ser mero acaso. A coletânea de Kerner tem a data aproximada de 1835 e é provavelmente a única fonte existente desse relato. Tive pois certeza de que Nietzsche lera este texto em Kerner. Ele conta a história com algumas divergências características e de maneira tal como se fosse criação própria sua. Ao menos não existem indicações em contrário. Como encontrasse esse caso em 1902, ainda tive oportunidade de escrever à Senhora Elisabeth Förster-Nietzsche, irmã do autor; lembrou-se que ela e seu irmão haviam lido as *Blätter aus Prevorst* quando o autor tinha onze anos de idade, mas não se lembrava especificamente dessa história. Eu me lembrei da história porque, há quatro anos, topei com a coletânea de Kerner e estudei alguns volumes dos *Blätter*, pois me interessava conhecer os escritos dos médicos daquela época como os precursores da psicologia clínica. Seria natural que eu tivesse esquecido no correr dos anos esse episódio dos marujos, pois não me interessava nem de longe. Mas ao ler Nietzsche tive de repente a sensação de algo já visto, e surgiu em mim uma lembrança obscura, de algo antigo, que aos poucos se condensou em minha consciência no quadro retratado pelo livro de Kerner.

Quando Benoit criou com seu romance L'Atlantide um   457
paralelo surpreendente com o livro *She*, de Rider Haggard, tendo sido acusado de plágio, respondeu que nunca havia lido o livro de Haggard e nem suspeitava de sua existência. Também este caso poderia ser chamado de criptomnésia, se não tivesse sido uma espécie de jogo da "représentation collective", como Lévy-Bruhl denomina certas representações gerais, características de sociedades primitivas. Ainda voltarei a este assunto em maiores detalhes.

O que falei do inconsciente deve ter dado ao leitor uma   458
noção aproximada do material subliminar em que se baseia a geração espontânea de símbolos oníricos. Trata-se aqui obviamente de um material que deve sua inconsciência sobretudo ao fato de que certos conteúdos conscientes devem

perder inevitavelmente sua energia, isto é, a atenção que lhes é dedicada ou sua carga emocional específica, a fim de dar lugar a novos conteúdos. Se retivessem a energia, ficariam acima do limiar da consciência e já não seria possível livrar-se deles. É como se a consciência fosse uma espécie de projetor cujo raio de luz (da atenção ou do interesse) incidisse simultaneamente sobre novas percepções, imediatamente dominadas, e sobre os rastros de percepções mais antigas que se encontram em estado latente. Como um ato consciente, pode este processo ser entendido como um acontecimento consciente e voluntário. Mas também é frequente que a consciência seja forçada, através da intensidade de um estímulo externo ou interno, a acionar sua luz.

459   Esta observação não é inútil, pois há muitas pessoas que superestimam o papel da força de vontade e acham que em sua psique nada pode acontecer que elas não tenham intencionado. Mas no interesse da compreensão psicológica deveríamos aprender a distinguir cuidadosamente entre conteúdos intencionados e não intencionados. Aqueles nascem da personalidade do eu, ao passo que estes brotam de uma fonte que não é idêntica ao eu, isto é, brotam de uma parte subliminar do eu, de seu "outro lado", que é de certa forma um segundo sujeito. A existência desse segundo sujeito não é sintoma patológico, mas um fato normal que pode ser observado a qualquer tempo e em toda parte.

460   Tive certa vez uma conversa com um colega meu sobre um outro médico que fizera algo que eu chamei de "totalmente idiota". Este médico era amigo pessoal de meu colega e, além disso, adepto de uma crença levemente fanática da qual compartilhava meu colega. Ambos eram antialcoólicos. Impulsivamente respondeu à minha crítica: "Naturalmente é um burro". Mas interrompeu bruscamente essas palavras, dizendo: "Um homem muito inteligente, eu quis dizer". Observei calmamente que a palavra "burro" viera em primeiro

lugar; ele, porém, negou contrariado ter dito semelhante coisa de seu amigo e, ainda mais, para um descrente. Este homem era muito considerado como cientista, mas sua mão direita não sabia o que fazia a esquerda. Tais pessoas são inadequadas para a psicologia e, em geral, têm aversão a ela. Mas esta é a maneira como é tratada comumente a voz do outro lado: "Não foi isso que eu pensei, eu nunca disse isto". E, ao final, como diz Nietzsche, a memória prefere ceder.

3. A linguagem dos sonhos

Todos os conteúdos da consciência já foram subliminares ou podem tornar-se outra vez subliminares, constituindo assim uma parte da esfera psíquica que chamamos inconsciente. Todos os impulsos, intenções, emoções, percepções e intuições, todas as ideias racionais e irracionais, conclusões, induções, deduções, premissas etc., bem como todas as categorias de sentimentos, têm seus correspondentes subliminares que podem manifestar-se sob a forma de etapas prévias ou graus de uma inconsciência diminuída ou parcial, passageira ou crônica. Se empregarmos, por exemplo, uma palavra ou conceito que em outro contexto tem significado bem diferente mas do qual não temos consciência no momento, isto pode provocar um mal-entendido mais ou menos cômico e até mesmo fatal. Inclusive um conceito filosófico ou matemático, definido com o maior cuidado e do qual estamos certos de que não contenha nada além do que nele colocamos, é, apesar disso, mais do que supomos: é no mínimo um acontecimento psíquico cuja natureza é difícil de reconhecer. Até mesmo os números de que nos servimos para fazer contas são mais do que nós os consideramos. São ao mesmo tempo entidades mitológicas, mas nisso não se pensa quando empregamos os números para fins práticos.

462   Também não temos consciência do fato de que conceitos gerais como Estado, constituição, dinheiro, trabalho, saúde, sociedade etc. significam em geral mais do que supostamente designam. Gerais eles são apenas em nossa suposição, enquanto na realidade prática apresentam todo tipo de nuanças e matizes. Não penso aqui na deturpação intencional desses conceitos na linguagem comunista, mas no fato de que, mesmo sendo entendidos no seu sentido próprio, eles se diferenciam facilmente de pessoa para pessoa. A razão dessa diferença é que uma ideia geral é assumida num contexto individual e por isso é entendida e empregada numa variação levemente individual. Enquanto os conceitos são idênticos a simples palavras, a variação é quase imperceptível e não desempenha praticamente papel nenhum. Mas quando se exige uma definição precisa ou uma explicação esmerada, é possível descobrir eventualmente as variações surpreendentes, não só na concepção puramente intelectual do conceito, mas sobretudo em seu tom emocional e em seu emprego. Essas variações são geralmente subliminares, permanecendo por isso incógnitas.

463   Ainda que possamos rejeitá-las como finuras supérfluas, mostram ao menos que até os conteúdos mais banais da consciência estão cercados de uma aura de dúvida e incerteza, o que nos autoriza a supor que todos eles trazem consigo um certo grau de subliminaridade. Mesmo que este aspecto não tenha importância prática, não se deve perdê-lo de vista quando se trata da análise de sonhos.

464   Temos, por exemplo, a metáfora comumente empregada de "Du kannst mir auf den buckel steigen" ("Você pode subir nas minhas costas"). Uma imagem onírica ligada a isso permaneceu uma charada para mim por algum tempo. Mostrava como *um certo senhor X tentava desesperadamente ficar atrás de mim e subir nas minhas costas*. Este homem, de resto a mim desconhecido, conseguira transformar numa

paródia grotesca algo que eu havia dito. Como isso já me havia acontecido mais vezes, não me dei o trabalho de analisar se isto me contrariava ou não. Mas como na vida prática não é sem importância a gente manter sob controle consciente as próprias reações emocionais, este sonho retomou o caso sob o "disfarce" de um provérbio popular. Não tendo motivos para acreditar que o inconsciente intencione ocultar as coisas, devo precaver-me de projetar tal intenção sobre seu procedimento. Parece-me bem provável que o sonho faz uso da conhecida metáfora para expressar a situação proverbial. É característico do comportamento dos sonhos preferir uma linguagem plástica e clara em contrapartida a expressões pálidas e puramente racionais. Poderíamos chamar esta imagem onírica de *simbólica*, uma vez que apresenta a situação não diretamente, mas num rodeio sobre uma metáfora concreta e comum que, à primeira vista, não foi compreensível. É claro que isto não é uma ocultação intencional, mas uma simples lacuna em nossa compreensão da linguagem das imagens.

Uma vez que a adaptação à realidade das coisas exige 465 de nós determinações precisas, aprendemos a abandonar todo acessório fantasioso, perdendo assim uma qualidade que ainda constitui uma característica do espírito primitivo. O pensar primitivo ainda vê seus objetos rodeados de uma aura de associações que entre os civilizados se tornaram mais ou menos inconscientes. Desse modo, animais, plantas e objetos inanimados podem assumir propriedades que são totalmente imprevistas para o homem branco. Um animal noturno que aparece de dia é para o primitivo com certeza um curandeiro que mudou passageiramente de forma; ou é um animal médico, um animal genealógico ou a alma selvícola de um determinado indivíduo. Uma árvore pode ser parte de uma vida humana; ela tem alma, tem voz e a pessoa partilha com ela do mesmo destino etc. Alguns índios sul-americanos asseguram que eles são araras vermelhas, mesmo sabendo que não possuem penas e que não têm a aparência de pássaros. No mundo dos primitivos as coisas parecem não ter a mesma delimitação estrita como entre nós. O que chamamos de identidade psíquica ou "participation mystique" foi eliminado de nosso mundo objetivo. E exatamente esta aura ou "fringe of consciousness", expressão cunhada por William James[17], que dá ao mundo do primitivo um visual colorido e fantástico. Nós a perdemos de tal maneira que, se a reencontrássemos, não a reconheceríamos e permaneceríamos estupefatos diante de sua ininteligibilidade. Entre nós essas coisas são mantidas sob o limiar da consciência e, quando reaparecem ocasionalmente, estamos certos de que existe algo de errado.

Já fui procurado mais de uma vez por pessoas inteligentes e de boa formação cultural por causa de sonhos estranhos, fantasias involuntárias ou até mesmo visões chocantes e atemorizadoras. Achavam elas que nenhuma pessoa de perfeito juízo poderia ser atingida por tais fenômenos e que alguém que teve uma visão deveria ser um caso patológico. Certa vez um teólogo me confessou sua convicção de que as visões de Ezequiel eram sintomas doentios e que Moisés e os outros profetas, ao escutar vozes, sofriam na verdade de alucinações. Naturalmente entrou em pânico quando lhe aconteceram fatos espontâneos desse tipo. Estamos tão acostumados à superfície racional do nosso mundo que não podemos imaginar que possa suceder algo contra a norma dentro dos limites do bom-senso sadio. Quando nossa psique faz algo totalmente imprevisível, ficamos abalados e pensamos num distúrbio patológico, enquanto o primitivo pensa em fetiches, espíritos ou deuses, mas nunca

---

17. Na edição alemã *Psychologie* (1909), utilizada por Jung, o termo é traduzido por "franja" da consciência (p. 161s.).

colocaria em dúvida a sanidade de seu juízo. O homem moderno e civilizado está em situação bem semelhante à de um velho médico que por sua vez era um paciente psicótico. Quando lhe perguntei como estava passando, respondeu que passara uma noite maravilhosa desinfetando todo o céu com "sublimado" (cloreto de mercúrio), mas que não encontrara nenhum Deus. Em vez de Deus, encontramos uma neurose ou algo pior ainda, e o temor de Deus transformou-se numa fobia ou numa neurose de ansiedade. A emoção ficou a mesma, o que mudou e para pior foi apenas o nome de seu objeto.

Certa vez fui consultado por um professor de filosofia por causa de uma fobia de câncer. Sofria da convicção compulsiva de que tinha um tumor maligno, ainda que dezenas de radiografias nada tivessem acusado: "eu sei que não há nada, mas poderia haver". Semelhante confissão é bem mais humilhante para um intelecto forte do que é para o primitivo a crença de estar sendo atormentado por um espírito. A existência de espíritos maus é, no mínimo, entre os primitivos, uma hipótese plenamente admissível, ao passo que para o homem civilizado é uma experiência arrasadora e muitas vezes fulminante ter que admitir que foi vítima de uma peça que lhe pregou a fantasia. O fenômeno primitivo da possessão não desapareceu, continua a existir como outrora, só que é interpretado de maneira diferente e mais escandalosa.

Os inúmeros sonhos em que as imagens e associações mostram uma analogia com ideias, mitos e ritos primitivos foram chamados por Freud de "resíduos arcaicos". A expressão dá a entender que se trata aqui de elementos psíquicos que sobraram de tempos bem remotos, mas que ainda se prendem ao espírito moderno. Este ponto de vista representa uma parte da depreciação dominante do inconsciente como sendo um adereço da consciência ou, mais drasticamente, como uma cesta de lixo onde são recolhidos todos os restos da consciência, isto é, tudo o que é rejeitado, antiquado, sem valor, esquecido e reprimido.

469   Esta concepção teve que ser abandonada nos tempos atuais, uma vez que novas pesquisas mostraram que tais associações e imagens pertencem à estrutura normal do inconsciente, podendo ser observadas em quase toda parte, nos sonhos de pessoas cultas ou analfabetas, de indivíduos inteligentes ou bobos. Não são absolutamente adereços mortos e sem importância; ao contrário, desempenham ainda uma função e por isso são de interesse vital, precisamente por seu caráter "histórico". São uma espécie de linguagem que medeia entre a forma pela qual nos exprimimos conscientemente e um modo de expressão mais primitivo, mais colorido, mais figurativo e concretista, em poucas palavras, numa linguagem que traduz diretamente sentimentos e emoções. Tal linguagem é necessária para extrair certas verdades de seu "estado cultural" (onde são completamente ineficazes) e dar-lhes uma forma funcional. Tomemos, por exemplo, uma senhora bem conhecida por seus preconceitos imbecis e por seus argumentos teimosos. O médico procura em vão incutir nela algum bom-senso, dizendo: "Minha senhora, seus pontos de vista são deveras interessantes e originais. Mas a senhora deve entender que há muitas pessoas que não possuem essas suas convicções e que precisam de sua tolerância. Não poderia a senhora..." etc. É o mesmo que falar para uma parede. Mas o sonho emprega outro método. Ela sonha: Realiza-se uma grande recepção para a qual foi convidada. A anfitriã – uma senhora muito distinta – vem recebê-la à porta com as palavras: "Que bom que a senhora veio, seus conhecidos já estão aqui e a esperam". Ela a conduz até uma porta, abre-a, e a convidada entra num estábulo.

470   Esta é uma linguagem mais concreta e mais drástica, porém tão simples que pode ser entendida até por um imbecil.

Ainda que a senhora não conseguisse captar o ponto alto do sonho, ele produziu o seu efeito. Foi inevitável, pois com o tempo não podia esquivar-se de entender o chiste que ela mesma produzira.

As mensagens do inconsciente são de importância maior do que normalmente acreditamos. Uma vez que a consciência está exposta a todo tipo de atrações externas e de distrações, é facilmente desviada para caminhos estranhos e não adequados à sua individualidade. A função geral dos sonhos é compensar esses distúrbios de equilíbrio psíquico, trazendo conteúdos do tipo complementar e compensador. Sonhos com lugares altos, que causam vertigens, com balões, aviões, voar e cair estão muitas vezes ligados a estados de consciência, caracterizados por suposições fictícias, superestima própria, opiniões fora da realidade e planos fantásticos. Se não for ouvida a advertência do sonho, então surgem em seu lugar verdadeiros acidentes. A pessoa tropeça, cai da escada, vai de encontro a um automóvel etc. Lembro-me do caso de um homem que estava perdidamente sufocado num certo número de operações suspeitas. Como compensação desenvolveu uma paixão quase mórbida por escaladas perigosas de montanhas: procurava superar-se a si mesmo. *Num de seus sonhos viu-se subindo do cume de uma montanha para dentro do ar*[18]. Quando me contou o sonho, percebi logo o risco a que estava se expondo e fiz o melhor que pude para enfatizar a advertência e convencê-lo da necessidade de conter-se. Avisei-lhe inclusive que o sonho significava sua morte por um desastre nas montanhas. Foi tudo em vão. Seis meses depois "subiu pelos ares". Um guia montanhista observou como ele e seu jovem amigo desceram por uma corda num lugar difícil. O jovem havia tomado pé passageiramente numa saliência da montanha. Nosso sonhador estava acima

471

---

18. Cf. tb. OC, 16; § 324 e OC, 8; § 164.

dele e o seguia. Segundo narrou o guia, ele soltou de repente a corda, "como se pulasse para o ar". Ele caiu sobre seu amigo, despencando ambos e com morte instantânea.

472 Uma senhora que vivia numa fantasia aristocrática e austeridade acima de seu nível tinha sonhos chocantes que lhe lembravam todo tipo de coisas escandalosas. Quando abordei o assunto, recusou-se, indignada, a aceitar minha explicação. Depois disso os sonhos tornaram-se ameaçadores e começavam por seus passeios longos e solitários pelas matas, próximas à cidade, onde gostava de perambular. Percebi o perigo e a preveni imediatamente. Mas não quis dar-me ouvidos. Uma semana depois, um tarado sexual praticou contra ela um atentado assassino e só foi salva no último instante por pessoas que ouviram seus gritos. Evidentemente ela preferiu passar por esta aventura e teve que pagar por isso com duas costelas quebradas e um ferimento na cartilagem da laringe; a situação é semelhante à do alpinista que satisfez seu desejo de encontrar uma saída definitiva para sua situação desagradável.

473 Os sonhos preparam determinadas situações, eles as anunciam ou previnem contra elas muito antes que se tornem reais. Isto não é necessariamente um milagre ou pressentimento. A maioria das situações críticas ou perigosas tem longo tempo de incubação; só a consciência nada sabe disso. Os sonhos podem revelar o segredo. Muitas vezes o fazem, mas muitas vezes também parecem não fazê-lo. Por isso é questionável a suposição de que uma mão protetora nos protege tempestivamente contra danos. Ou para dizê-lo mais positivamente: parece que às vezes atua uma instância benévola, mas nem sempre. A mão misteriosa pode inclusive mostrar-nos o caminho para a perdição. Ao lidar com os sonhos, não podemos ser ingênuos. Eles procedem de um espírito que não é totalmente humano, mas é antes um hálito da natureza, aquela deusa bela e generosa, mas

também cruel. Se quisermos caracterizar este espírito, é melhor orientar-nos pelas mitologias antigas e contos de fadas das florestas do que por nosso espírito moderno com seus antolhos intelectuais e morais. A civilização é um processo altamente custoso e suas conquistas tiveram o preço de perdas enormes cuja dimensão esquecemos na maior parte das vezes ou nunca mensuramos.

Em nossos esforços quanto à interpretação dos sonhos, chegamos a conhecer os adereços da consciência que foram chamados muito apropriadamente de "fringe of consciousness". O que em princípio parece à psique um acessório supérfluo e indesejável, revela-se, quando estudado mais a fundo, como a raiz quase invisível dos conteúdos conscientes, isto é, como os aspectos subliminares deles. Eles constituem o material psíquico que deve ser considerado como fator intermediário entre os conteúdos conscientes e inconscientes ou como ponte que cobre o abismo entre a consciência e a base fisiológica do fenômeno psíquico. Esta ponte é de tal importância prática que não pode ser subestimada. Ela constitui o elo indispensável entre o mundo racional e o campo dos instintos. Como já demonstrei, a consciência facilmente se extravia, pois sucumbe sempre de novo a fortes impressões e sugestões de fora. Ela está entregue, quase indefesa, a estas, sobretudo quando uma mentalidade extrovertida transfere todo o peso para objetos externos e seus aliciamentos enganosos, e quando sentimentos de inferioridade e dúvidas corrosivas sobre a própria substância interna solapam a relação com ela. Quanto mais a consciência for influenciada por preconceitos, erros, fantasias e desejos infantis, mais cedo o abismo já existente vai ampliar-se numa dissociação neurótica e levar a uma vida mais ou menos artificial, muito longe dos instintos sadios, da natureza e da verdade. Os sonhos procuram compensar isso na medida em que restabelecem a conexão com o fundamento do instinto, trazendo para

474

a consciência imagens e emoções que exprimem o estado do inconsciente. É difícil reproduzir o estado primitivo por meio do discurso racional que é demasiadamente superficial e sem cor; mas a linguagem dos sonhos nos fornece com precisão as imagens apropriadas para atuar sobre as camadas mais profundas da psique e trazê-las para a consciência. Poderíamos dizer também que a interpretação dos sonhos enriquece de tal forma nossa modesta consciência que ela reaprende a linguagem esquecida dos instintos.

475   Enquanto se tratar de necessidades fisiológicas básicas dos instintos, elas são registradas pelos sentidos e se manifestam simultaneamente em fantasias. Mas enquanto não se tornarem perceptíveis aos sentidos, revelam sua presença apenas por imagens. A maioria predominante dos fenômenos instintivos consiste, pois, de imagens; muitas delas, porém, não são imediatamente reconhecíveis como tais. São de natureza mais ou menos simbólica. Encontram-se principalmente nas ramificações mais sutis das associações no estado crepuscular entre o pano de fundo inconsciente do sonho e de sua consciência turva. O sonho não é de forma alguma um guardião do sono, como achava Freud. É mais frequente ele perturbar o sono ou vir atrelado a uma impreterível urgência, de modo que sua mensagem atinge a consciência por mais incômoda ou chocante que ela seja. Do ponto de vista do equilíbrio psíquico e também da saúde fisiológica em geral, é melhor que o inconsciente e a consciência estejam unidos e se movimentem em paralelo do que estarem dissociados. Neste sentido a formação de símbolos pode ser uma função muito valiosa.

476   Pode-se perguntar aqui qual a finalidade dessa função se os seus símbolos passam despercebidos ou se mostram incompreensíveis. Mas a falta de compreensão consciente não significa que o sonho não tenha seu efeito. Mesmo a pessoa culta pode constatar eventualmente que sob a influência de

um sonho, do qual não consegue lembrar-se, seu humor muda para melhor ou para pior. Os sonhos podem ser "entendidos" até certo grau de modo subliminar, pois é assim que atuam na maioria das vezes. Só quando um sonho é muito impressionante ou se repete mais vezes é conveniente buscar uma interpretação ou uma compreensão consciente. Em casos patológicos é urgente e necessária a interpretação, a menos que haja alguma contraindicação, como a existência de uma psicose latente que espera, por assim dizer, apenas o momento propício para irromper com força total. É desaconselhável o emprego leviano e incompetente da análise dos sonhos, sobretudo quando existe uma dissociação entre uma consciência muito unilateral e um inconsciente analogamente irracional ou "maluco".

477 Graças à infinda variedade dos conteúdos conscientes e de seu afastamento da linha média ideal, é igualmente variável a complementação e compensação inconscientes, a tal ponto que é difícil responder com certeza à pergunta se os sonhos e seus símbolos são classificáveis. Ainda que haja sonhos e alguns símbolos – que poderiam ser melhor chamados de motivos – que sejam típicos e que apareçam muitas vezes, a maioria dos sonhos é individual e atípica. Motivos típicos são: cair, voar, ser perseguido por animais ou pessoas perigosas, estar em lugares públicos em trajes sumários, ou com roupa absurda ou completamente nu, estar com pressa ou estar perdido no meio de uma multidão, medo de toda espécie, lutar com armas imprestáveis ou estar completamente indefeso, correr sem poder sair do lugar etc. Um motivo tipicamente infantil é o do extremamente pequeno ou do extremamente grande, ou da mudança de um no outro.

478 Fenômeno digno de nota é o sonho que se repete. Há casos em que um sonho se repete desde a infância até pela idade adulta adentro. Normalmente estes sonhos compen-

sam uma atitude defeituosa de vida ou se referem a uma experiência traumática que deixou em nós um preconceito específico, ou precedem a um acontecimento futuro de certa importância. Eu já sonhei com um motivo que se repetiu durante muitos anos. Era o seguinte: *havia descoberto em minha casa uma parte ou uma ala cuja existência eu desconhecia. Às vezes era a casa de meus pais – já falecidos há muito tempo – onde, para maior surpresa minha, meu pai possuía um laboratório em que se ocupava com a anatomia comparada dos peixes ou minha mãe dirigia um albergue de hóspedes do outro mundo. A ala ou o albergue particular eram em geral uma construção histórica, com vários séculos de existência, já esquecida há muito tempo, mas de propriedade de meus pais. Havia ali móveis velhos e interessantes; e ao final dessa série de sonhos que se repetiam descobri lá uma velha biblioteca cujos livros eu desconhecia. Finalmente, no último sonho, consegui abrir um dos velhos volumes. Continha grande quantidade de gravuras simbólicas maravilhosas*, e acordei sobressaltado, com o coração em disparada.

479   Antes desse último sonho, encomendei de um antiquário estrangeiro um livro de um clássico alquimista latino, pois encontrara na literatura uma citação que relacionava este livro com a alquimia bizantina antiga. Algumas semanas após o sonho, chegou um pacote com um volume em pergaminho do século XVI, contendo muitas ilustrações simbólicas altamente fascinantes. Uma vez que a redescoberta da alquimia representa parte importante de minha vida de pioneiro psicológico, pode-se entender facilmente o motivo do desconhecido anexo de minha casa como antecipação de um novo campo de interesse de pesquisa. Seja como for, a partir de então chegou ao fim o sonho que vinha se repetindo há mais de trinta anos.

Os símbolos, como os sonhos, são produtos da nature- 480
za, mas eles não aparecem só nos sonhos; podem surgir em
qualquer forma de manifestação psíquica: existem pensamentos, sentimentos, ações e situações simbólicos, e muitas
vezes parece que não só o inconsciente mas também objetos
inanimados se arranjam de acordo com modelos simbólicos. Existem muitas histórias e bem comprovadas sobre um
relógio que parou de funcionar quando seu dono morreu,
como o relógio de pêndulo de Frederico o Grande em Sans
Souci; de um copo que se despedaçou ou de uma cafeteira
que explodiu quando seu proprietário estava numa crise ou
diante dela. Mesmo quando o cético se recusa a acreditar
em tais relatos, surgem sempre de novo histórias semelhantes que são contadas repetidas vezes, o que mostra suficientemente sua importância psicológica, a despeito das pessoas
ignorantes que contestam sua real existência.

Segundo sua natureza e origem, muitos símbolos – e os 481
mais importantes – não são individuais, mas coletivos. Trata-se principalmente de imagens e formas religiosas. O fiel
acredita que eles têm origem divina, isto é, foram revelados.
O cético os considera invenções. Ambos estão errados, pois,
de um lado, foram objeto de desenvolvimento e diferenciação cuidadosos e conscientes durante séculos como, por
exemplo, no dogma; e, por outro, são "représentations collectives" que remontam aos tempos mais antigos e que poderiam ter representado "revelações", isto é, imagens oriundas
de sonhos e de fantasias criadoras. Estas são manifestações
espontâneas e não invenções arbitrárias e intencionais.

Nunca houve um gênio que se tivesse sentado com 482
caneta ou pincel na mão e dito: "Agora vou inventar um
símbolo". Ninguém pode tomar uma ideia mais ou menos
racional, à qual tenha chegado por um raciocínio lógico ou
por um ato de vontade, e mascará-la de fantasmagoria "simbólica". Por melhor que pareça a máscara, sempre será um

sinal que aponta para uma ideia consciente, e nunca um símbolo. Um sinal é sempre menos do que a coisa que quer significar, e um *símbolo* é sempre mais do que podemos entender à primeira vista. Por isso não nos detemos diante de um sinal, mas vamos até o objetivo para o qual aponta; no caso do símbolo, porém, nós paramos porque ele promete mais do que revela.

483 Quando os conteúdos dos sonhos condizem com uma teoria sexual, logo compreendemos o essencial deles; mas se forem simbólicos, sabemos no mínimo que ainda não os entendemos. Um símbolo não dissimula, ele revela no tempo oportuno. É natural que a interpretação do sonho chegue a um resultado bem diferente quando consideramos o sonho como simbólico, em vez de pressupor que a ideia essencial ou a emoção básica estão dissimuladas, mas em princípio já conhecidas. Neste caso só descobrimos o que já sabemos, e a interpretação do sonho não tem qualquer sentido. Por isso digo sempre aos meus alunos: "aprendam tudo que puderem sobre o simbolismo, mas esqueçam tudo quando analisarem um sonho". Este conselho é tão importante na prática que fiz dele regra para mim: sempre confesso para mim mesmo que não compreendo suficientemente um sonho para poder interpretá-lo corretamente. Faço isto para deter a torrente de minhas próprias associações e reações que poderiam impor--se à incerteza e à hesitação de meus pacientes. É da maior importância terapêutica que a mensagem do sonho, isto é, a contribuição inconsciente para a situação propriamente consciente, seja entendida o melhor possível, por isso vale a pena examinar em profundidade o contexto das imagens oníricas. Enquanto trabalhava com Freud, tive um sonho que demonstra isso.

484 *Sonhei que estava em "minha casa" no primeiro andar. Encontrava-me numa espécie de sala de estar, arrumada com*

bom gosto e conforto no estilo do século XVIII. Estava admi-
rado, pois reconheci que nunca a tinha visto antes. Sabia que
estava no andar de cima e comecei a perguntar-me como seria
o andar térreo. Desci e encontrei tudo bastante escuro, com
paredes forradas de madeira e móveis pesados que datavam do
século XVI ou XV. Fiquei perplexo e minha curiosidade au-
mentou porque tudo representava uma descoberta inesperada.
Para melhor conhecer toda a construção, resolvi descer ao po-
rão. Encontrei uma porta com uma escada de pedra que levava
a um salão com teto abobadado. O piso consistia de grandes
blocos de pedra e as paredes me pareceram muito antigas. Exa-
minei a argamassa e constatei que estava misturada com cacos
de tijolos. Era sem dúvida um antigo muro romano. Comecei a
ficar excitado. Num canto, vi uma argola de ferro presa a um
bloco de pedra. Levantei o bloco e vi uma escada estreita que
dava para uma espécie de caverna que certamente fora uma
sepultura pré-histórica. Vi duas caveiras, alguns ossos e vasos
quebrados. Então acordei.

Se, na análise desse sonho, Freud tivesse usado o meu   485
método de exame do contexto, teria ouvido uma história
comprida, história essa – temo eu – que ele teria rejeitado
como simples fuga de um problema que, na verdade, era o
seu próprio. De fato, o sonho é um resumo de minha vida,
de minha vida intelectual. Cresci numa casa construída há
duzentos anos. Nossa mobília era constituída de peças com
mais de cem anos e minha maior aventura intelectual havia
sido a filosofia de Kant e de Schopenhauer. A grande novidade da época era Charles Darwin. Até pouco tempo antes,
vivera com meus pais ainda num mundo medieval, onde
dominava uma onipotência e providência divinas sobre o
mundo e as pessoas. Este mundo estava agora superado e
obsoleto. Minha fé cristã fora relativizada pelo encontro
com as religiões orientais e com a filosofia grega. Eis a razão
por que o andar térreo era tão quieto, escuro e desabitado.

486 Meu interesse histórico de então brotou de uma ocupação originalmente intensa com anatomia e paleontologia comparadas, enquanto trabalhava como assistente no Instituto de Anatomia. Naquela época estava fascinado pelos ossos do homem pré-histórico, sobretudo do tão discutido homem de Neandertal e do mais discutido ainda crânio do pitecantropo de Dubois. Estas eram, em suma, minhas verdadeiras associações ao sonho, mas não ousava tocar no assunto crânio, esqueleto ou cadáver, pois sabia que este assunto não era apreciado por Freud. Ele mantinha a estranha impressão de que eu desejava sua morte prematura. Tirou esta ideia do fato de, em nossa viagem conjunta à América, em 1909, eu ter mostrado interesse nos cadáveres mumificados do chamado Bleikeller, em Bremen, que juntos visitamos[19].

487 Em geral eu tinha grandes bloqueios de expor minhas próprias ideias, pois experiências recentes me haviam mostrado claramente o abismo quase intransponível entre o meu mundo das ideias e o dele, entre o meu pano de fundo cultural e o dele. Temia perder sua amizade se abrisse para ele o meu mundo interior, pois na minha opinião este haveria de parecer-lhe muito estranho. Como ainda não estivesse bem seguro da minha própria psicologia, contei-lhe quase automaticamente uma mentira para fugir da proibitiva tarefa de desvendar-lhe minha constituição psíquica bem pessoal e, portanto, completamente diferente da dele.

488 Percebi logo que Freud procurava em mim um desejo incompatível. Por isso propus a título de experiência que os crânios indicam certos membros de minha família cuja morte eu poderia ter desejado por uma razão ou outra. Este alvitre obteve sua aprovação, mas não me contentei com esta pseudossolução.

---

19. Para maiores detalhes, cf. JAFFÉ, A. (org.). *Memórias, sonhos, reflexões.*

Enquanto ainda pensava numa resposta adequada às 489 perguntas de Freud, fui surpreendido repentinamente por uma intuição sobre o papel que o fator subjetivo desempenha na compreensão psicológica. Esta intuição foi tão forte que só pensava em como me livrar dessa situação constrangedora, e saí pelo lado da mentira. Isto não foi elegante nem moralmente justificado, mas, de outro modo, teria arriscado um desentendimento fatal para o qual não me sentia absolutamente preparado por uma série de motivos.

Minha intuição consistiu na compreensão repentina e 490 totalmente inesperada do fato de que o sonho representava a mim mesmo, de que minha vida, meu mundo e toda a minha realidade estavam contrapostos a um sistema teórico que fora construído por um outro e estranho espírito por suas próprias razões e motivos. Não era o sonho de Freud, mas o meu próprio, e com a velocidade do raio compreendi o que meu sonho significava.

Devo pedir desculpas por esta descrição minuciosa dos 491 apuros por que passei ao relatar a Freud o meu sonho. Mas é um bom exemplo das dificuldades em que nos vemos envolvidos no decurso de uma verdadeira análise de um sonho. Muita coisa depende das diferenças pessoais entre o analista e o analisando.

Neste plano a análise dos sonhos é menos uma técnica 492 do que um processo dialético entre duas personalidades. Se a tratarmos como técnica, a peculiaridade pessoal do sonhador será preterida e o problema terapêutico ficará reduzido à simples pergunta: Quem vai subjugar quem? Foi por esta razão também que abandonei a hipnose como método de tratamento, pois não queria impor minha vontade a outros. Queria desenvolver os processos de cura a partir da própria personalidade do paciente e não a partir de minhas sugestões e de seus efeitos apenas passageiros. Queria preservar a dignidade e a liberdade de meu paciente de modo que pudesse levar a vida por sua própria força de vontade.

493 Não podia compartilhar do interesse quase exclusivo de Freud pela sexualidade. Certamente a sexualidade desempenha papel importante entre os fatores humanos, mas em muitos casos ela só ocupa o segundo lugar, depois da fome, instinto de poder, ambição, fanatismo, inveja, ódio, ou da paixão ardente do impulso criador e do espírito religioso.

494 Pela primeira vez dei-me conta de que, antes de elaborar teorias gerais sobre a pessoa humana e sua psique, deveríamos aprender muito mais sobre o indivíduo humano real e não sobre uma ideia abstrata do *homo sapiens*.

4. O problema dos tipos na interpretação dos sonhos

495 Ao contrário de todos os outros ramos da ciência onde é procedimento legítimo lançar uma hipótese sobre um objeto impessoal de pesquisa, na psicologia vemo-nos inevitavelmente confrontados com a relação entre dois indivíduos humanos, não podendo nenhum deles ser desviado de sua subjetividade ou ser despersonalizado de alguma outra forma. Podem naturalmente concordar em tratar de modo impessoal e objetivo um assunto qualquer, mas quando a totalidade da personalidade se torna o objeto da discussão, há dois indivíduos em confronto e toda unilateralidade fica excluída. Só é possível haver progresso se houver um acordo. Uma certa objetividade do resultado final só pode ser comprovada por meio de uma comparação com a norma válida no meio social do indivíduo e também com base em seu equilíbrio interior, isto é, em sua saúde mental. Isto não significa que o resultado deva equivaler a uma total coletivização, pois isto levaria a um estado altamente desnatural. Pelo contrário, é característico da sociedade normal e mentalmente sadia que as pessoas tenham habitualmente

opiniões opostas. Fora do campo das peculiaridades humanas instintivas, é relativamente rara uma concordância em geral. As diferenças de opinião são o veículo da vida intelectual da sociedade. Mas não devem ser colocadas como meta, pois a concordância também é importante. Uma vez que a psicologia repousa no fundo em antagonismos equilibrados, nenhum julgamento pode ser definitivo e sua reversibilidade deve ser sempre levada em consideração. A razão dessa particularidade deve ser buscada na circunstância de que fora da psicologia e além dela não há critério que nos coloque em posição de formarmos um juízo definitivo sobre a natureza da psique. Tudo o que podemos pensar encontra-se num estado psíquico, isto é, no estado de uma representação consciente. A dificuldade da ciência natural está em colocar-se de certa forma fora desse estado.

A única realidade é a pessoa individual e concreta. Sendo porém impossível formular ou ensinar psicologia ou descrever indivíduos, é preciso estabelecer certos pontos comuns que nos permitam ordenar o material empírico. Podemos elevar a princípio ordenador qualquer semelhança ou dessemelhança – seja de tipo anatômico, fisiológico ou psicológico – contanto que seja suficientemente geral. Para nossa finalidade, sobretudo psicológica, vai tratar-se de um princípio ordenador psicológico, ou seja, o fato muito difundido e de fácil observação de que um grande número de pessoas é claramente *extrovertido* e outro é *introvertido*. Não há necessidade de esclarecimento especial desse conceito, pois já faz parte da linguagem comum.

Este é um dos muitos pontos em comum entre os quais podemos escolher; e como se trata aqui de apresentar o método e a abordagem para a compreensão dos sonhos como a fonte principal dos símbolos naturais, este ponto em comum nos parece adequado para nossa finalidade. Como lembrei antes, o processo de interpretação consiste na confrontação de duas mentalidades: a do analista e a do analisando, e não no emprego de uma teoria pronta. A mentalidade do analista se caracteriza por uma série de peculiaridades individuais que talvez não seja menor do que a do analisando. Elas funcionam como preconceitos. Não se pode esperar que o analista seja um super-homem somente pelo fato de ser médico e dispor de uma teoria e de uma técnica correspondente. Só quando pressupõe que sua teoria e técnica são verdades absolutas que abrangem a totalidade da psique humana, pode sentir-se superior. Mas como esta suposição é mais do que duvidosa, nunca pode ter certeza delas. Por isso será acometido de dúvidas, ao menos secretamente, se ele tomar semelhante atitude e confrontar a totalidade humana de seu analisando com uma teoria e técnica que constituem apenas tentativas hipotéticas, em vez de confrontá-la com a totalidade viva de sua própria individualidade, o único equivalente da personalidade do paciente. A experiência e o conhecimento psicológicos são simplesmente de grande proveito para o analista, mas não lhe garantem um refúgio fora do campo de batalha. Ele é colocado à prova tanto quanto o analisando.

498   Consistindo a análise sistemática dos sonhos na confrontação de dois indivíduos, é de grande importância saber se os dois coincidem quanto ao tipo. Se forem do mesmo tipo, pode acontecer que se entendam por longo tempo sem atrito; mas se um deles for extrovertido e o outro introvertido, seus pontos de vista diferentes e opostos podem chocar-se de imediato, principalmente se não estiverem conscientes do próprio tipo ou se estiverem convencidos de que seu tipo é o único certo. Este defeito logo se evidencia, pois o valor de um é o desvalor do outro. Um deles vai escolher o que a maioria considera certo, o outro vai rejeitá-lo exatamente porque é do gosto de qualquer um. O próprio Freud definiu o tipo introvertido como um indivíduo que se comporta de

modo doentio consigo mesmo. Mas introspecção e autoconhecimento podem igualmente constituir valores elevados.

A diferença aparentemente pequena entre o extrovertido, que coloca a ênfase nas coisas externas, e o introvertido, que se ocupa da superação de situações da vida, quase não tem importância ao se lidar com sonhos. Desde o começo é preciso ter claro que aquilo que um preza e valoriza pode ser muito negativo para o outro, e aquilo que um erige em ideal talvez cause repulsa ao outro. Este fato se torna mais evidente à medida que nos aprofundamos nos detalhes das diferenças tipológicas. Extroversão e introversão são apenas duas das muitas peculiaridades do comportamento humano, mas muitas vezes são bem evidentes e fáceis de reconhecer. Quando observamos, por exemplo, indivíduos extrovertidos, percebe-se logo que eles se diferenciam sob muitos aspectos e que o ser extrovertido é um critério muito superficial e geral para caracterizar de fato uma pessoa. Por isso procurei outras características básicas que pudessem contribuir para colocar certa ordem na multiplicidade quase infinda da individualidade humana.

Sempre me impressionou o fato de haver um número espantoso de indivíduos que só fazem uso de sua inteligência quando absolutamente necessário, sem que por isso sejam imbecis; e muitos outros que empregam sua inteligência, mas de forma inacreditavelmente tola. Impressionado fiquei também ao descobrir que muitas pessoas inteligentes e de espírito lúcido – enquanto se pôde constatar – viviam como se nunca tivessem aprendido a fazer uso de seus órgãos sensoriais; não viam o que estava diante de seus olhos, não escutavam as palavras que se impunham a seus ouvidos, não percebiam as coisas em que tocavam ou que provavam, viviam sem consciência de seu próprio estado corporal. Outros pareciam viver num estado de consciência muito singular, como se o estágio em que se encontravam fosse definitivo, sem possibilidade de mudança, ou como se o mundo e a psique fossem neles estáticos e assim permanecessem para sempre. Pareciam não ter fantasia alguma e depender completa e exclusivamente de suas percepções sensoriais. Chances e possibilidades não existiam para eles, e em seu hoje não havia lugar para um verdadeiro amanhã. O futuro era simplesmente a repetição do passado.

501 O que gostaria de transmitir ao leitor é a primeira impressão passageira que tive em minhas observações das muitas pessoas que encontrei. Logo percebi que as pessoas que usavam sua inteligência eram as que pensavam, isto é, que procuravam adaptar-se às pessoas e às circunstâncias da vida com a ajuda de suas faculdades intelectuais; e que os indivíduos, igualmente inteligentes, mas que, apesar disso, não pensavam, eram aqueles que se orientavam pelo sentir. "Sentir" é uma palavra que necessita de explicação. Usamos a palavra sentir quando se trata, por exemplo, de sentimento (no sentido da palavra francesa *sentiment*). Mas empregamos o mesmo termo para exprimir uma intuição: "Tive um sentimento de que..."

502 O que entendo por sentir, em oposição a pensar, é um juízo de valor como, por exemplo, agradável e desagradável, bom e mau etc. De acordo com esta definição, sentimento não é nenhuma emoção nem afeto que, como dizem as palavras, são manifestações espontâneas. O que entendo por sentimento é, antes, um simples julgar, sem aquelas reações evidentemente corporais que são características de uma emoção. Sentir é, como o pensar, uma função *racional*, ao passo que a intuição, para a qual também usamos a palavra sentimento, é uma função *irracional*. Enquanto retrata um pressentimento, não é o produto de um ato da vontade, mas bem mais um acontecimento espontâneo que depende de circunstâncias outras e internas, em vez de um julgamento consciente. Parece mais uma percepção sensorial que é

também um acontecimento irracional enquanto depende essencialmente de estímulos externos ou internos que devem sua existência a causas objetivas e físicas, em vez de causas racionais e psíquicas.

Os quatro tipos de função a seguir correspondem aos meios de que se serve a consciência para orientar-se: a *sensação* (percepção sensorial) nos diz que algo existe, o *pensar* nos diz o que é, o *sentir* nos diz se é agradável ou não, e a *intuição* nos diz de onde vem e para onde vai.

503

O leitor precisa ter bem claro que estes quatro critérios representam apenas alguns pontos de vista entre outros, como, por exemplo, força de vontade, temperamento, fantasia, memória, moral, religiosidade etc. Não há neles nada de dogmático nem pretendem ser a verdade última sobre coisas psicológicas, mas seu caráter fundamental no-los recomenda como princípios úteis de ordenamento. A classificação em si não tem sentido se não fornecer um meio de orientação e uma terminologia de uso prático. Eu a considero muito útil quando me cabe o dever de explicar os pais aos filhos, o esposo à esposa, e vice-versa. Também é útil quando procuramos entender nossos próprios preconceitos.

504

Se quisermos interpretar o sonho de outra pessoa, pode acontecer que devamos, ao menos provisoriamente, sacrificar nossos julgamentos apressados e reprimir nossos preconceitos. Isto não é fácil nem cômodo, pois exige uma energia moral que não é do gosto de qualquer um. Se não houver um esforço de criticarmos nossos próprios pontos de vista e confessarmos sua relatividade, jamais conseguiremos uma informação correta *sobre* a psique de nossos analisandos e nem uma introspecção suficiente *em* sua psique. Pode-se pressupor por parte do analisando ao menos uma certa disposição de ouvir e levar a sério a opinião do analista, mas é preciso reconhecer-lhe o mesmo direito por parte

505

do analista. Ainda que tal comportamento seja indispensável para qualquer entendimento intelectual e constitua portanto uma necessidade óbvia, é preciso lembrar sempre que na terapia é mais importante que o paciente entenda do que sejam satisfeitas as expectativas teóricas do analista. A resistência do analisando contra a interpretação do analista não deve ser vista como necessariamente errada; deve ser vista antes como sinal evidente de que algo não vai bem: ou o paciente ainda não está em condições de entender, ou a interpretação não corresponde à verdade.

506 Abstraindo desses problemas fundamentais, a psicologia em si apresenta dificuldades suficientes quando se trata da questão de como interpretar os sonhos de outra pessoa ou, em outras palavras, de como entender símbolos. Neste empreendimento somos dificultados por nossa tendência quase insuperável de preencher com *projeções* as lacunas inevitavelmente presentes em nossa compreensão: pela suposição de que nossos pensamentos são também os do nosso interlocutor. Esta fonte de erros é possível eliminá-la com o meu método de averiguar o contexto das imagens oníricas e de renunciar a pressupostos teóricos (com exceção da hipótese heurística de que os sonhos têm algum sentido).

507 No que diz respeito, pois, aos resultados de nossa interpretação, não há nenhuma regra, menos ainda uma lei de que a finalidade geral do sonho seja uma compensação, ainda que pareça ser. Ao menos poderíamos indicar a compensação como a hipótese mais promissora e fecunda. Às vezes o sonho exibe claramente seu caráter compensador. Um paciente, muito convencido de si e de seu caráter superior, *sonhou com um vagabundo bêbado, que se revolvia na sarjeta.* O sonhador disse (no sonho): *"É horrível como uma pessoa pode descer tanto".* O sonhador não me revelara que em sua família havia uma ovelha negra: seu irmão mais novo era um inútil, um alcoólico arruinado. Ele mesmo não sabia

quantas vezes chateara os outros com sua superioridade moral, que também era a causa de sua impotência.

Uma senhora que tinha um alto conceito de sua compreensão psicológica inteligente sonhava sempre de novo com uma senhora que ela encontrava às vezes em reuniões sociais. Não conseguia suportá-la, achava-a vaidosa, desleal e intrigante. Ela se admirava por que tinha que sonhar de uma forma amigável, íntima e fraterna com uma pessoa que era tão diferente dela. O sonho queria certamente indicar que ela fora "sombreada" por um caráter inconsciente como o daquela mulher. Como tivesse uma ideia bem determinada de si mesma, não tinha consciência de seu próprio complexo de poder e de seus próprios motivos desonestos. Mais de uma vez afloraram essas situações desagradáveis, mas sempre foram atribuídas a outras pessoas e nunca às suas próprias maquinações.

Não é apenas o lado inconveniente que passa despercebido, não recebe atenção e é reprimido, mas também qualidades positivas podem receber o mesmo tratamento. Este caso pode ser encontrado, por exemplo, num homem aparentemente modesto, que menospreza a si mesmo com maneiras cativantes, apologéticas ou servis, um homem que sempre fica atrás e no plano de fundo, ainda que, aparentemente consciente e por razões de cortesia, não perca uma oportunidade de marcar presença. Seu julgamento é bem embasado, competente mesmo e aparentemente bem compreensível; apesar disso dá a entender um certo plano superior e indizível a partir do qual o assunto em discussão poderia ser considerado, visto ou manipulado de um modo mais elevado. Esta pessoa sonha *repetidas vezes com encontros com grandes homens como Napoleão I e Alexandre Magno*. Seu evidente complexo de inferioridade se vê claramente compensado por essas visitas importantes. Mas surge ao mesmo tempo a questão crítica: Quem sou eu para receber visitas tão ilustres? Visto assim, o sonho indica que o sonhador alimenta uma secreta mania de grandeza como antídoto para seu complexo de inferioridade. Sem saber, a imagem de sua grandeza coloca-o na situação de imunizar-se contra todas as influências de seu meio ambiente; nada lhe cala fundo e, assim, pode eximir-se de compromissos que para outras pessoas são obrigatórios. Assim, por exemplo, não se sente obrigado ou chamado a provar a si mesmo ou aos outros que seu julgamento relevante se baseia em méritos correspondentes. Não é apenas solteiro, mas também estéril intelectualmente. Conhece bem a arte de fazer circular boatos e suposições sobre sua importância, mas nada há que comprove alguma realização sua. Ele joga este jogo vazio com total inconsciência, e o sonho procura trazer-lhe isto à consciência de forma notoriamente ambígua, seguindo o velho ditado: "Ducunt volentem fata, nolentem trahunt"[20]. Ser tão familiar de Napoleão a ponto de tratá-lo por tu e ser conhecido de Alexandre Magno é tudo o que um complexo de inferioridade poderia desejar, ou seja, uma confirmação global da grandeza atrás dos bastidores, uma verdadeira realização de desejos que simula méritos, mas sem consumar as obras para isso exigidas. Mas por que o sonho não pode comunicar isso aberta e diretamente, sem usar de rodeios que parecem enganar-nos de uma forma quase traiçoeira?

510 Esta pergunta me foi feita várias vezes e também eu já a fiz. Surpreende-me como de modo irritante os sonhos parecem evitar uma mensagem clara ou preterir um ponto decisivo. Freud postulou a existência de um fator específico, chamado "censor", que supostamente deturparia as imagens do sonho, tornando-as irreconhecíveis ou enganosas, para falsear a consciência onírica sobre o verdadeiro objeto

---

20. Os que têm vontade dirigem o destino, os que não têm vontade o destino os arrasta (Sêneca, D.J., 107, Carta).

do sonho, isto é, o desejo incompatível. Pela ocultação do ponto crítico, presumia-se que o sono do sonhador ficaria protegido contra o choque de uma recordação desagradável. Mas "o sonho como guardião do sono" é uma hipótese improvável, uma vez que os sonhos também perturbam muitas vezes o sono.

Parece antes que, em vez de um censor inconsciente, a própria consciência produz um efeito extintor nos conteúdos subliminares. A subliminaridade corresponde ao que Janet chama de "abaissement du niveau mental". Isto é uma queda de tensão energética em que os conteúdos psíquicos perdem as propriedades que possuem no estado consciente. Perdem sua determinação e clareza, e as conexões se tornam vagamente análogas, ao invés de racionais e compreensíveis. Assim que a tensão aumenta, ficam menos subliminares, mais precisas e mais conscientes. Isto é um fenômeno puramente energético que pode ser observado em todos os estados sonambúlicos, seja por cansaço excessivo, por febre ou por toxinas. Não há razão para presumir que o *abaissement* sirva para proteger os desejos incompatíveis de serem descobertos, ainda que às vezes possa acontecer que um desejo inaceitável se perca com a diminuição da consciência. Por ser o sonho, de acordo com sua natureza, um processo subliminar, não pode produzir pensamentos claramente delineados; caso contrário deixaria de ser sonho e se tornaria de imediato conteúdo consciente. O sonho nada mais pode do que saltar por cima de todos os pontos que têm especial relevância para a consciência. Ele manifesta o "fringe of conciousness", como o esmaecido brilho das estrelas durante um eclipse total do Sol.

Não deveríamos render-nos ainda hoje à ideia antiquada de que os mitos e os símbolos são invenções inúteis de uma fantasia jocosa, mas entender que são principalmente manifestações de uma psique que se encontra fora do âmbito de nosso controle consciente. Uma consciência objetiva e bem orientada não é privilégio da mente, pois ela atua na totalidade da natureza viva. Não há diferença fundamental entre configuração orgânica e psíquica. Assim como a planta gera sua flor, a psique produz seus símbolos. Todo sonho dá testemunho desse processo. As forças instintivas influenciam a atividade da consciência de forma positiva ou negativa através de sonhos, intuições, impulsos e outros acontecimentos espontâneos. Neste sentido, tudo depende dos conteúdos propriamente ditos do inconsciente. Se contiver muito mais do que normalmente devia ser consciente, sua função fica deturpada e embaraçada, surgindo então coisas que não se baseiam em verdadeiros instintos mas que devem sua existência inconsciente ao fato de terem sido tornadas inconscientes através da repressão ou da negligência. Elas se sobrepõem de certa forma à psique inconsciente normal e deturpam sua manifestação natural de símbolos e motivos arquetípicos.

513   Por isso para uma psicoterapia que se ocupa com as causas de um distúrbio é muito natural – assim como para a Igreja que em muitos aspectos antecipou há tempos as "técnicas" modernas – começar com uma confissão mais ou menos voluntária que inclua todas aquelas coisas pelas quais temos repugnância ou horror, das quais temos vergonha ou medo. Ao menos é esta a regra. Na práxis, porém, este procedimento é muitas vezes invertido porque sentimentos fortíssimos de inferioridade ou grave debilidade dificultam ao paciente ou o impossibilitam de encarar uma escravidão e inutilidade ainda mais profundas. Muitas vezes julguei mais útil proporcionar ao paciente um modo de ver positivo, em outras palavras, criar uma base onde pisar, antes de abordar coisas mais dolorosas e mais acabrunhadoras. Os sonhos e suas imagens ilustrativas, passíveis de muitas interpretações, devem sua forma, por um lado,

aos arquétipos e, por outro lado, a conteúdos reprimidos. Portanto, possuem dois aspectos e dão azo a dois modos de interpretação: pode-se colocar a ênfase no aspecto arquetípico ou no aspecto pessoal. O primeiro indica a base global e sadia dos instintos, enquanto o outro mostra a influência patológica da repressão e dos desejos infantis.

Com um exemplo bem simples gostaria de trazer aqui o sonho do "autoengrandecimento", onde se é convidado pela rainha da Inglaterra para o chá, onde se conversa com o papa ou com Stalin, tratando-se mutuamente por tu etc. Se o sonhador for um esquizofrênico, a interpretação prática do símbolo dependerá muito do estado de consciência. Se estiver claramente convencido de sua grandeza, então um abafador seria indicado. Mas tratando-se de um pobre vermezinho, já vergado ao peso de sua inferioridade, uma diminuição ainda maior equivaleria a uma crueldade. No primeiro caso é recomendável um tratamento redutivo: e facilmente se poderá demonstrar, por meio do material associativo, que as intenções do sonhador são inconvenientes e infantis e que elas brotam muitas vezes dos desejos infantis de ser igual ou superior aos pais. No outro caso, em que um sentimento de inutilidade pervadiu tudo e já suprimiu qualquer aspecto positivo, seria totalmente inoportuno mostrar ao sonhador que ele é infantil, ridículo ou mesmo perverso. Semelhante procedimento só fortaleceria seu sentimento de inferioridade e provocaria uma resistência indesejável e excessiva ao tratamento.

Não existe uma técnica terapêutica ou doutrina, aplicáveis em geral, pois cada caso submetido a tratamento é um indivíduo numa situação específica de vida. Lembro-me de um paciente do qual precisei tratar durante nove anos. Eu só o via algumas semanas por ano, pois residia no exterior. Eu sabia desde o começo onde estava realmente seu problema, mas percebi também que a menor tentativa de uma aproximação da verdade seria respondida com reação muito forte e com tal autodefesa que provocaria um rompimento total. *Nolens volens* tive que fazer o melhor para manter a relação e condescender com sua tendência, apoiada em seus sonhos; tinha que desviar a conversa do assunto mais importante que, de acordo com o que seria de se esperar racionalmente, precisava ser abordado. Isso prolongou-se tanto que eu me culpava de estar levando meu paciente ao erro; e unicamente o fato de seu estado melhorar lenta mas visivelmente me deteve de confrontá-lo brutalmente com a verdade.

516   No décimo ano, o paciente se declarou curado e livre dos sintomas. Fiquei surpreso e estive a ponto de colocar em dúvida sua afirmação, pois teoricamente não podia estar curado. Percebendo minha surpresa, disse sorrindo: "Agora gostaria de agradecer especialmente por seu tato e paciência que me ajudaram a contornar a causa dolorosa de minha neurose; agora estou preparado para lhe contar tudo. Se eu tivesse estado em condições, teria falado sobre isso já na primeira consulta. Mas isso teria estragado meu relacionamento com o senhor. E, então, o que teria acontecido? Entraria em colapso moral, teria perdido o chão sob meus pés e meu último amparo. No decorrer dos anos, porém, aprendi a confiar no senhor e, na medida em que minha confiança crescia, melhorou também meu estado. Melhorou porque restabeleceu-se minha fé em mim mesmo, e agora estou forte o bastante para lhe falar sobre as verdadeiras coisas que me perturbavam".

517   Depois disso fez uma confissão detalhada: e isto me abriu os olhos para o fato de que o nosso tratamento devesse ter tomado um rumo tão estranho. O choque inicial fora tão grande que ele *não conseguiu enfrentá-lo sozinho*. Foram precisos dois; e nisso consiste a tarefa terapêutica, e não na satisfação de pressupostos teóricos.

Desses casos se aprende a seguir as linhas de desenvol- 518
vimento que se vão formando a partir do material forneci-
do pelo paciente e da disposição de seu caráter, em vez de
orientar-se por considerações teóricas em geral que talvez
nem sejam aplicáveis ao caso atual. Minha experiência e
meu conhecimento das pessoas, reunidos ao longo de ses-
senta anos, ensinaram-me a considerar todo caso como uma
vivência nova, onde o que mais importa é encontrar a abordagem individual. Não tenho medo de enveredar por um
estudo profundo sobre acontecimentos e fantasias infantis
ou começar pelo que está por cima, mesmo que se devesse
tratar de especulações metafísicas as mais nebulosas e im-
prováveis. Tudo depende de saber se sou capaz de aprender
a linguagem do paciente e se posso seguir a tateante busca de seu inconsciente por um caminho para a luz. Uma
pessoa pode precisar disso, a outra talvez do contrário. As
diferenças entre as pessoas são deste tipo.

Isto vale também em grande parte para a interpretação 519
dos símbolos. Dois indivíduos podem ter quase o mesmo sonho, mas quando um é novo e o outro é mais velho, os problemas que os afligem são diversos. Neste caso seria absurdo
enfocar os dois sonhos da mesma maneira. A imagem onírica é, por exemplo, *uma grande planície pela qual cavalga um
grupo de homens jovens. O sonhador está adiantado em relação
aos outros e precisa saltar por cima de um valão cheio de água,
o que ainda está tentando, enquanto os outros caem na água.*
O jovem sonhador é por natureza cauteloso e introvertido
e tem bastante medo da aventura. O homem mais velho,
porém, teve sempre uma natureza arrojada e destemida, e
levou uma vida ativa e empreendedora em todos os sentidos. Quando teve o sonho, era inválido: não conseguia
ficar quieto, dava muito trabalho ao médico e à enfermeira
e causava a si mesmo danos por causa da desobediência e do
desassossego. O sonho mostra claramente ao homem jovem

o que ele deveria fazer e ao homem mais velho o que ele ainda faz agora. Enquanto o jovem temeroso precisa de um incentivo, o mais velho estaria disposto a arriscar o salto a qualquer hora. Mas seu espírito empreendedor ainda flamejante é precisamente o seu maior problema.

520   Este exemplo pode mostrar que a interpretação de sonhos e símbolos depende muito da constituição individual do sonhador. Os símbolos não possuem apenas uma, mas várias interpretações; às vezes apresentam mesmo um par de opostos como, por exemplo, a *Stella matutina* (estrela da manhã) ou lúcifer (o que carrega a luz), que é um conhecido símbolo de Cristo e, ao mesmo tempo, o demônio. O mesmo vale para o leão. A interpretação correta depende do contexto, isto é, das associações ligadas à imagem onírica e do estado de espírito efetivo do sonhador.

5. O arquétipo no simbolismo dos sonhos

521   Como abordagem inicial do sonho, colocamos a hipótese de que ele serve à finalidade da compensação. Isto é um postulado bem geral e abrangente. Significa que consideramos o sonho um fenômeno psíquico normal que proporciona à consciência reações inconscientes ou impulsos espontâneos. Uma vez que só em pequena minoria de sonhos aparece seu caráter compensatório, devemos dar o máximo de atenção à linguagem do sonho, que nós consideramos simbólica. O estudo dessa linguagem é quase uma ciência autônoma. Como vimos, existe uma diversidade infinda de formas de expressão individual. Elas podem ser interpretadas com o apoio do sonhador que fornece o material associativo, ou seja, o contexto da imagem onírica. Assim, o sonho é cercado e observado de todos os lados. Este método é suficiente em todos os casos comuns, quando, por exemplo, um parente, um amigo ou um paciente conta seu sonho de

maneira quase incidental. Mas quando se trata de sonhos obsessivos, isto é, que se repetem, ou de sonhos fortemente emocionais, aí não bastam as associações pessoais do sonhador para se chegar a uma interpretação satisfatória. Neste caso temos que considerar o fato, já observado e abordado por Freud, de que nos sonhos aparecem elementos que não são individuais e que não podem ser derivados da experiência pessoal. Estes elementos Freud os denominou "resíduos arcaicos"; são formas psíquicas cuja existência não pode ser explicada pela experiência pessoal, e que representam as formas primitivas, inatas e herdadas da mente humana.

Assim como o corpo humano representa todo um museu de órgãos com uma longa história evolutiva, devemos esperar que o espírito também esteja assim organizado, em vez de ser um produto sem história. Por "história" não entendo aqui o fato de nosso espírito se construir por meio de tradições inconscientes (por meio da linguagem etc.), mas entendo antes sua evolução biológica, pré-histórica e inconsciente no homem arcaico, cuja psique ainda era semelhante à dos animais. Esta psique primitiva constitui o fundamento de nosso espírito, assim como nossa estrutura corporal se baseia na anatomia geral dos animais mamíferos. Para qualquer lugar que se volte o olhar perspicaz do morfólogo, ele reconhece os rastos do modelo primitivo: da mesma forma não pode o experiente pesquisador do espírito deixar de ver as analogias inconscientes entre as imagens oníricas e os produtos do espírito primitivo, de suas "représentations collectives" e motivos mitológicos. Assim como é imprescindível ao morfólogo a ciência da anatomia comparada, também o psicólogo ou psiquiatra não conseguem ser bem-sucedidos sem uma "anatomia comparada da psique", sem uma experiência sofrível com sonhos e outros produtos da atividade inconsciente, por um lado, e com a mitologia no mais amplo sentido da palavra, por outro.

Sem este instrumental ninguém consegue descobrir estas analogias. Não é possível ver a analogia entre um caso específico de neurose compulsiva, esquizofrenia ou histeria e um caso clássico de possessão demoníaca, se não houver um conhecimento suficiente de ambos.

523 Minha opinião sobre os "resíduos primordiais", que denomino "arquétipos" ou "imagens primordiais", é constantemente criticada por pessoas que não possuem bastante conhecimento da psicologia dos sonhos e nem da mitologia. O conceito arquétipo é muitas vezes mal-entendido porque significa, por exemplo, um motivo ou figura mitológicos bem determinados e nitidamente delineados. Isto seriam meras representações e seria absurdo acreditar que tais representações mutáveis pudessem ser herdadas. Ao contrário, o arquétipo é uma tendência de criar representações muito variáveis, mas sem perder seu modelo primitivo. Existem, por exemplo, muitas representações do motivo dos irmãos inimigos, mas só existe *um* motivo. Só é possível descrever isso como uma tendência a esta espécie de formação de representações. Como tal, representa uma disposição hereditária da psique humana e é possível encontrá-la praticamente em toda parte e em todos os tempos. Penso nesse motivo quando falo do arquétipo.

524 Meus críticos partem do falso pressuposto de que eu falo de "representações herdadas" e por isso rejeitam o conceito de arquétipo como sendo mera superstição. Não levam em consideração o fato de que, se os arquétipos fossem representações oriundas da consciência ou adquiridas da consciência, nós as entenderíamos de imediato e não ficaríamos consternados, pasmos e confusos quando elas surgem em nossa consciência. Lembro-me muito bem de todos aqueles que me consultaram por causa de seus próprios sonhos e dos sonhos estranhos de seus filhos. Quanto ao seu sentido, eles

tateavam completamente no escuro. A razão disso era que os sonhos continham imagens que não podiam ser referidas a nada de que se lembrassem. Quanto aos sonhos dos filhos, não conseguiam entender de onde poderiam ter tirado representações tão estranhas e incompreensíveis. Essas pessoas tinham boa formação acadêmica e, em alguns casos, eram psiquiatras. Lembro-me de um professor que tivera repentinamente uma visão e pensou que estava louco. Entrou em verdadeiro pânico. Tirei simplesmente da estante um livro de quatrocentos anos e mostrei-lhe uma xilogravura antiga onde estava retratada sua visão. "Não precisa achar que está louco", disse-lhe eu, "sua visão já era conhecida há quatrocentos anos". Estupefato, deixou-se cair na poltrona, mas voltou ao normal.

Lembro-me do caso de um pai, também ele psiquia-   525
tra, que me trouxe um livrinho escrito a mão. Recebera-o como presente de Natal de sua filha de dez anos. Continha toda uma série de sonhos que ela tivera aos oito anos de idade. Foi a série mais estranha que jamais me apareceu, e era perfeitamente compreensível que o pai estivesse tão admirado. Os sonhos, por mais infantis que fossem, davam arrepios e continham imagens cuja origem era totalmente inexplicável ao pai. Reproduzo aqui os motivos mais importantes dos sonhos:

1. "O animal ruim": um monstro com forma de cobra e com muitos chifres que matava e engolia todos os outros animais. Mas Deus vinha dos quatro cantos (na verdade são quatro deuses) e paria todos os animais de novo.

2. Subida ao céu onde se realizavam danças pagãs, e descida ao inferno onde anjos praticavam o bem.

3. Muitos animais pequenos dos quais a sonhadora tem medo. Os animais tornam-se gigantescos e um deles engole a menina.

4. Um camundongo no qual entram vermes, cobras, peixes e pessoas. Desse modo o camundongo se torna humano. Esta é a origem da humanidade em quatro estágios.

5. Uma gota d'água observada ao microscópio: a gota está cheia de galhos. Esta é a origem do mundo.

6. Um mau rapaz com um torrão de barro atira pedaços dele nas pessoas que passam. Assim, todos se tornam maus.

7. Uma mulher bêbada cai na água e dela sai remoçada e sóbria.

8. Na América, muitas pessoas rolam dentro de um formigueiro e são atacadas pelas formigas. A sonhadora cai de medo num rio.

9. Num lugar deserto na Lua, onde a sonhadora se afunda tanto no chão que chega a atingir o inferno.

10. Visão de uma bola brilhante. Ela a toca. Sai vapor. Vem um homem e a mata.

11. Ela está muito doente. De repente saem pássaros de sua pele e a cobrem totalmente.

12. Enxames de moscas escurecem o Sol, a Lua e todas as estrelas, com exceção de uma que cai sobre a sonhadora.

526   No original alemão completo, cada sonho começa com as palavras tradicionais dos contos de fada: "Era uma vez..." Com isso a pequena sonhadora dava a entender que considerava cada um dos sonhos como uma espécie de conto de fada que ela gostaria de contar ao pai como presente de Natal. O pai não conseguiu esclarecer os sonhos com a ajuda do contexto, pois parecia não haver associações pessoais. Este tipo de sonho infantil parece de fato ser uma história, com bem pouca ou nenhuma associação espontânea. A possibilidade de que estes sonhos pudessem ser elaborações conscientes só pode ser excluída mediante um conhecimento último do caráter da criança, isto é, de seu amor

à verdade. O pai estava convencido da autenticidade dos sonhos. E eu não tinha motivos para duvidar, pois, mesmo que fossem fantasias surgidas no estado de vigília, elas apresentariam problemas para nossa compreensão. Contudo, não existem razões para duvidar da autenticidade dos sonhos. Conheci pessoalmente a menina, mas isto foi antes que presenteasse o pai com os sonhos; morando ela longe da Suíça e tendo falecido de doença infecciosa mais ou menos um ano após aquele Natal, não tive oportunidade de fazer-lhe qualquer pergunta sobre o assunto.

Os sonhos têm um caráter muito estranho, uma vez que as ideias diretrizes equivalem de certa forma a problemas filosóficos. O primeiro sonho se refere a um monstro ruim que mata os outros animais, mas Deus os gera de novo através de uma espécie de *apocatastasis* (restauração). Dentro da tradição cristã, esta ideia veio ao nosso conhecimento através dos *Atos dos Apóstolos* 3,21: "É necessário que o céu o receba (Cristo) até chegarem os tempos da restauração..." Os primeiros Padres da Igreja gregos davam especial importância à ideia de que no fim do mundo todas as coisas seriam restauradas em seu estado original perfeito, através da ação do Salvador. Segundo *Mateus* 17,11, já era tradição judaica bem antiga que Elias voltaria e restauraria tudo. A *Primeira Epístola aos Coríntios* 15,22 refere-se a esta ideia: "Assim como em Adão todos morrem, assim em Cristo todos reviverão".

Pode-se objetar que a criança tomou conhecimento dessas ideias em suas aulas de religião. Mas ela quase não frequentou essas aulas, pois os pais (protestantes) eram daquelas pessoas – aliás, em grande número hoje – que só conheciam a Bíblia por ouvir falar dela. É de todo improvável que a ideia da *apocatastasis* tivesse sido sublinhada em especial e, assim, pudesse vir a ser objeto de vivo interesse da criança. Ao pai, ao menos, era totalmente desconhecido esse mitologema ao qual Orígenes e outros deram tanta importância.

529   Dos doze sonhos, nove trazem o motivo da destruição e da restauração. Nenhum dos sonhos apresenta traços de uma educação nitidamente cristã ou de influência cristã. Ao contrário, apresentam antes analogias com relatos primitivos. As analogias vêm ainda apoiadas por um segundo motivo, o da criação do mundo e dos seres humanos, o do mito cosmogónico que aparece em dois sonhos. A mesma conexão se encontra na passagem acima citada na *Primeira Epístola aos Coríntios* 15,22, onde Adão e Cristo, isto é, a morte e a ressurreição, são correlacionados.

530   A ideia geral de Cristo, o redentor, faz parte daquela concepção pré-cristã, espalhada no mundo inteiro, do herói e salvador que, devorado por um monstro, aparece de novo de forma miraculosa, depois de ter vencido o dragão, ou a baleia, ou coisa semelhante que o devorara. Como, quando e onde surgiu este motivo, ninguém sabe dizer. Nem saberíamos como abordar de maneira válida este problema. A única coisa que sabemos com certeza a este respeito é que aparentemente toda geração encontra isso como tradição bem antiga. Por isso é pacífica a suposição de que este motivo "descende" de um tempo em que as pessoas ainda não sabiam que tinham um mito de heróis, portanto de um tempo em que elas ainda não tinham noção daquilo sobre o que falavam. A figura do herói é uma *imago* típica que existe desde tempos imemoriais. Eu a denomino arquétipo (do grego *arché*, começo), pelo qual entendo uma tendência preexistente do espírito humano de construir representações míticas. Na criação de "représentations mystiques", como as chama Lévy-Bruhl, existe também uma tendência instintiva como na construção do ninho, na migração etc. Encontramos essas representações praticamente em toda parte e sempre se caracterizam pelo mesmo motivo ou por motivos semelhantes. Não podemos atribuí-las a nenhuma época específica, ou a alguma região do planeta, ou a algu-

ma raça. Onipresentes no espaço e no tempo, de origem desconhecida, podem reproduzir-se mesmo onde está excluída a tradição por meio da migração dos povos.

Os melhores exemplos disso são as pessoas, sobretudo crianças, que vivem em determinado ambiente no qual é possível excluir com bastante certeza qualquer tradição por conhecimentos ou contatos. O ambiente em que vivia nossa pequena sonhadora estava apenas familiarizado com a tradição cristã, e mesmo assim bastante superficialmente. Podemos encontrar vestígios de influência cristã nas representações de Deus, anjos, inferno e do mal. Mas o tratamento que receberam é bem diferente de um tratamento cristão. **531**

Tomemos, por exemplo, o primeiro sonho: o Deus, que na verdade consiste de quatro deuses, provém dos quatro "cantos" – quatro cantos de quê? No sonho não se menciona nenhum espaço limitado. Um espaço limitado não caberia na representação de um acontecimento claramente cósmico, onde intervém o próprio ser universal. A quaternidade em si é uma representação estranha mas que desempenha papel importante nas religiões e filosofias exóticas. Entre nós, ela foi substituída pela Trindade, da qual a criança supostamente ouviu falar. Mas quem saberia algo sobre a quaternidade divina num ambiente burguês? Esta concepção era mais ou menos conhecida em círculos que, durante a Idade Média, eram iniciados na filosofia hermética; mas esta começou a definhar no início do século XVIII e agora está obsoleta no mínimo há duzentos anos. Donde tirou, pois, a sonhadora esta concepção estranha? Da visão de Ezequiel? Mas em nenhuma explicação Deus é identificado com o Serafim. **532**

A mesma questão se coloca com referência à cobra com chifres. É verdade que na Bíblia aparecem vários animais com chifres, por exemplo, no *Apocalipse* 13; mas parece tratar-se de quadrúpedes, ainda que a parte superior seja de **533** dragão, o que em grego (dracôn) significa cobra. O dragão com chifres aparece na alquimia latina do século XVI com a *quadricornutus serpens* (cobra de quatro chifres), um símbolo de Mercúrio e um rival da Trindade cristã, mas, ao que pude constatar, em *um único autor*[21].

534 No sonho 2 há um motivo que decididamente não é cristão e que apresenta uma inversão de valores: danças pagãs de pessoas no céu e boas obras de anjos no inferno, o que equivale a uma relativização dos valores morais. Mas donde tirou a criança um problema tão revolucionário e moderno, digno de um gênio como Nietzsche? Mesmo que tal ideia não fosse estranha ao espírito filosófico ocidental, onde se poderia encontrá-la num ambiente de criança, e como entrou ela no mundo de representações de uma criança de oito a nove anos?

535 Esta pergunta suscita outra: Qual o sentido compensatório dos sonhos aos quais a própria sonhadora deu tal importância a ponto de dá-los de presente de Natal a seu pai?

536 Se a sonhadora fosse um curandeiro primitivo, não erraríamos na suposição de que os sonhos eram variações sobre os temas filosóficos de morte, ressurreição ou restauração, origem do mundo, criação do homem e relatividade dos valores (Lao-Tsé: o alto está sobre o baixo). Poderíamos descartar esses sonhos como sem valor, se fizéssemos a tentativa de interpretá-los a partir de um ponto de vista pessoal. Mas, conforme mostrei, eles contêm sem dúvida "représentations collectives". Apresentam certas analogias com os ensinamentos que os jovens recebiam nas tribos primitivas quando estavam prestes a tornar-se homens, membros adultos da tribo. Eram informados então sobre o que Deus, os deuses ou os primeiros animais fizeram quando criaram o mundo e o ser humano, sobre como será o fim do mundo, sobre o que

---

21. Gerardos Dorneus de Frankfurt, médico e alquimista do século XVII.

significa a morte etc. Quando damos nós – na civilização cristã – semelhantes instruções? No começo da idade adulta; mas muitas pessoas só começam a pensar nessas coisas já em idade avançada e quando estão próximas do fim inevitável.

Nossa sonhadora está perto desses dois estados, pois movimenta-se dentro da puberdade e ao mesmo tempo dentro do fim de sua vida. Pouco ou nada no simbolismo de seus sonhos indica o início de uma vida normal de adulto; ao contrário, há várias alusões à destruição e à restauração. Quando li pela primeira vez os sonhos, tive a desagradável sensação de que prenunciavam uma desgraça iminente. O motivo dessa sensação era a maneira estranha de compensação que se podia ver neste simbolismo: enquanto os sonhos conduzem a um estranho mundo de ideias, que extrapola o horizonte mental de uma criança, entram em contradição com o estado da consciência que poderíamos supor num adulto. Abrem uma perspectiva nova e bastante assustadora de vida e morte "como se poderia esperar de alguém que olha para trás sobre a vida humana, em vez de ter ainda diante de si a natural continuação dela "vita somnium breve" (a vida é um curto sonho), em vez de alegria e exaltação da primavera da vida – um "ver sacrum vovendum" (consagração aos deuses do que nasce na primavera)! Como indica a experiência, a aproximação desconhecida da morte causa uma *adumbratio*, uma sombra projetada, que invade a vida e os sonhos da vítima. Mesmo o nosso altar-mor cristão é, por um lado, sepultura (como demonstram os mausoléus em igrejas antigas) e, por outro lado, o lugar da ressurreição ou da transformação da morte em vida eterna.

Este é pois o mundo de ideias que os sonhos insinuaram à criança – uma preparação para a morte na forma de histórias curtas. Como os ensinamentos iniciatórios dos povos primitivos ou os koans do zen-budismo, esta instrução é diferente das doutrinas ortodoxas cristãs e está mais próxima do modo de pensar primitivo. Parece ter sua origem fora da tradição histórica, naquela matriz que, desde tempos pré-históricos, já alimentava as especulações filosóficas e religiosas sobre a vida e a morte.

539 No caso dessa menina é como se acontecimentos futuros lançassem por antecipação sua sombra, despertando aquelas formas de pensar que, normalmente em estado de sonolência, se destinam a descrever ou a acompanhar o pressentimento de um desfecho mortal. Ainda que a forma concreta em que se exprimem seja mais ou menos individual, seu modelo básico é coletivo, uma vez que podemos encontrá-los praticamente em todos os lugares e tempos; o mesmo acontece com os instintos animais: as diversas espécies apresentam diferenças notáveis, mas no geral servem aos mesmos objetivos. Não podemos admitir que todo animal recém-nascido adquira e desenvolva individualmente seus instintos, da mesma forma não podemos acreditar que as pessoas humanas inventem e produzam, a cada novo nascimento, seus comportamentos e reações tipicamente humanos. Exatamente como os instintos, também os modelos coletivos de pensar da mente humana são inatos e herdados e, dependendo das circunstâncias, funcionam em toda parte mais ou menos de modo igual.

540 As emoções seguem o mesmo modelo, e são reconhecidas como tais no mundo inteiro. Nós as reconhecemos inclusive nos animais, e estes se entendem mutuamente a este respeito, mesmo sendo de espécies diferentes. E o que acontece com os insetos, com suas funções simbióticas complicadas? A maioria nem conhece seus pais e nunca tiveram alguém que pudesse instruí-los. Por que seria o homem o único ser vivente ao qual faltem instintos específicos ou cuja psique não apresente vestígio algum de sua evolução? Se igualarmos psique e consciência, então sucumbe-se facilmente ao erro de considerar a consciência

como *tabula rasa*, totalmente vazia no nascimento e só contendo mais tarde o que fosse aprendido pela experiência individual. Mas a psique é mais do que a consciência. Os animais têm pouca consciência, mas muitos impulsos e reações que apontam para a existência de uma psique; e os primitivos fazem coisas cujo significado lhes é desconhecido. Perguntaríamos em vão a muitos civilizados sobre o sentido da árvore de Natal ou dos ovos coloridos da Páscoa, pois não têm a mínima noção do sentido desses costumes. Na verdade, fazem algo sem saber por quê. Inclino-me a acreditar que as coisas em geral foram primeiro feitas, e só bem mais tarde alguém interrogou-se a respeito e descobriu por que foram feitas. A psicologia clínica defronta-se constantemente com pacientes, tão inteligentes em outras ocasiões, mas que se comportam de modo estranho e não têm nenhuma noção do que dizem ou fazem. Temos sonhos cujo sentido não conseguimos entender, mesmo estando convencidos de que eles têm um sentido específico. Temos a sensação de que um sonho é importante e até mesmo assustador, mas por quê?

A observação regular de tais fatos confirmou a hipótese de uma psique inconsciente, cujos conteúdos parecem quase iguais aos da consciência. Sabemos, por exemplo, que a consciência depende muito da cooperação do inconsciente. Quando se faz um discurso, a próxima frase já vem sendo preparada durante a fala da anterior, mas esta preparação é em grande parte inconsciente. Se o inconsciente não colaborar e retiver a próxima frase, ficamos empacados. Queremos mencionar um nome ou um conceito já em voga, mas ele simplesmente não vem. O inconsciente não o fornece. Gostaríamos de apresentar um velho conhecido, mas de repente seu nome desaparece, como se nunca o tivéssemos conhecido. É dessa forma que dependemos da boa vontade do nosso inconsciente. Quando assim procede, pode pregar uma peça à nossa boa memória ou colocar em nossa boca algo que não intencionávamos. Pode criar disposições de espírito e emoções imprevisíveis e injustificadas, causando assim complicações as mais diversas.

542   Ainda que tais reações e impulsos, superficialmente considerados, pareçam ser de natureza bem pessoal e, portanto, sejam considerados bem individuais, estão na verdade baseados num sistema instintivo pré-moldado e já pronto, que encontramos praticamente em toda parte e que possui sua mímica e gestos universalmente entendidos e suas próprias formas de pensar. Baseiam-se num modelo que foi cunhado bem antes que começassem a manifestar-se os primeiros indícios de uma consciência reflexiva. É até possível pensar que isto foi causado por uma colisão feroz de emoções e de suas consequências muitas vezes lamentáveis. Pensemos, por exemplo, no caso de um bosquímano que num acesso momentâneo de raiva e desilusão, por não ter pescado nada, estrangula seu único filho querido e, depois, ao ter nos braços o pequeno cadáver, é acometido de um grande arrependimento. Este homem tem as maiores probabilidades de nunca mais esquecer esse tormento e seu ato. Isto poderia ter sido o início de uma consciência reflexiva. Seja como for, é preciso muitas vezes o choque de uma experiência emocional desse tipo para acordar as pessoas e levá-las a prestar mais atenção em seus atos. Gostaria de lembrar aqui o caso de um nobre fidalgo espanhol que, após ter perseguido por longo tempo a amada de seu coração, conseguiu finalmente levá-la a um encontro secreto. Ela abriu calada seu vestido e mostrou-lhe o seio carcomido pelo câncer. Ele tornou-se um santo.

543   Muitas vezes é possível demonstrar que as formas arquetípicas de transformação, que se manifestam no momento da catástrofe, já estavam atuando bem antes, e arranjaram as circunstâncias externas tão habilmente que elas tinham que provocar inevitavelmente a crise. Não é raro que um tal

desenvolvimento se mostre com tanta clareza (por exemplo, numa série de sonhos) que é possível predizer com alguma certeza a catástrofe. Dessas experiências pode-se concluir que as formas arquetípicas não são apenas modelos estáticos, mas também fatores dinâmicos, na medida em que se manifestam – exatamente como os instintos – através de impulsos espontâneos. Certos sonhos, visões ou pensamentos podem surgir de repente, sem que se possa comprovar sua causa, mesmo após cuidadosa pesquisa. Isto não significa que eles não tenham causa; devem naturalmente tê-la, mas está tão distante ou obscura que não se chega a ela. Nesse caso é preciso esperar que o sonho ou seu significado se tornem mais compreensíveis, ou que alguma coisa (talvez um acontecimento objetivo e externo) aconteça que explique o sonho como, por exemplo, algum acontecimento ainda escondido no futuro.

Nossas ideias conscientes estão muitas vezes ocupadas com o futuro e suas possibilidades; e o inconsciente e seus sonhos não o estão menos. Existe inclusive uma opinião difundida no mundo inteiro de que a função principal dos sonhos é dar um prognóstico do futuro. Na Antiguidade e também na Idade Média, os sonhos tinham certo papel no prognóstico médico. Por acaso estou em condições de confirmar, através de um sonho recente, o prognóstico ou, melhor, o pré-conhecimento num sonho antigo que o velho Artemidoro de Daldis (século II d.C.) cita em sua interpretação dos sonhos[22]: *Um homem sonhou que viu seu pai morrer numa casa em chamas.* Pouco tempo depois o sonhador morreu de um "flegmão" (fogo, febre alta), provavelmente de

544

---

22. Cf. ARTEMIDORO (de Daldis). *Symbolik der Träume.* livro I, capítulo 2. Viena/Budapeste/Leipzig: [s.e.], 1881, p. 8: "Alguém sonhou, por exemplo, que via seu pai sendo consumido pelas chamas. Aconteceu que o próprio sonhador morreu e seu pai, consumido pela tristeza e sofrimentos atrozes, sofreu como que uma morte pelo fogo".

pneumonia. Um colega meu adoecera de uma febre traumática mortal. Um paciente antigo dele, que não fora informado sobre a doença de seu médico, sonhou que *o médico morreria num grande fogo.* O sonho ocorreu três semanas antes da morte do médico, ao tempo em que este dera entrada no hospital e a doença se encontrava ainda no estágio inicial. O sonhador simplesmente "sabia" que o médico estava doente e num hospital.

545 Como indica este exemplo, os sonhos podem revestir-se de um aspecto antecedente ou prognóstico, e o intérprete fará bem em considerar também este aspecto, sobretudo quando um sonho significativo não fornece nenhum contexto suficiente para explicá-lo. Muitas vezes semelhante sonho cai simplesmente do céu, e a gente se pergunta o que poderá tê-lo provocado. Se soubéssemos para onde ele aponta, a causa seria clara. Naturalmente é só nossa consciência que ainda nada sabe, ao passo que nosso inconsciente parece já estar informado e ter submetido o caso a um cuidadoso exame prognóstico, procedendo-se mais ou menos da mesma forma que o faria a consciência se estivesse a par dos fatos relevantes. Mas exatamente por serem subliminares a partir do ponto de vista da consciência, puderam ser percebidos pelo inconsciente e submetidos a uma espécie de exame que antecipou o resultado final. O que se pode constatar a partir dos sonhos é que o inconsciente, em suas "considerações", procede de modo instintivo e não segundo linhas diretrizes racionais. Este último procedimento é prerrogativa da consciência que faz sua escolha com raciocínio e conhecimento, enquanto o primeiro é determinado sobretudo por tendências instintivas e por formas de pensar a elas correspondentes: os arquétipos. Até parece que esteve em ação um poeta em vez de um médico racional que falaria de infecção, febre, toxinas etc., ao passo que o sonho apresenta o corpo enfermo como a morada

(terrena) da pessoa e a febre como o calor que procede de um incêndio que destrói casa e morador.

Este sonho mostra que o espírito arquetípico manipulou a situação exatamente como no tempo de Artemidoro. Uma situação de natureza mais ou menos desconhecida foi captada intuitivamente pelo inconsciente e recebeu um tratamento arquetípico. Isto mostra claramente que, ao invés do raciocínio que a consciência teria empregado, o espírito arquetípico assumiu automaticamente a tarefa da predição, o que significa que os arquétipos têm iniciativa e energia específica próprias que não apenas lhes facultam dar interpretações sensatas (a seu modo), mas também intervir em dadas situações com seus próprios impulsos e formas de pensar. Neste sentido funcionam como os complexos que na vida cotidiana gozam igualmente de certa autonomia. Eles vão e voltam a bel-prazer, e muitas vezes atravessam nossas intenções conscientes de modo doloroso. [546]

Pode-se perceber a energia específica dos arquétipos quando se é tomado por um legítimo sentimento de *numinosidade* que a acompanha como uma fascinação ou encanto que deles emanam. Isto é característico também dos complexos pessoais, cujo comportamento pode ser comparado com o papel desempenhado pelas *représentations collectives* arquetípicas na vida social de todos os tempos. Assim como os complexos pessoais têm sua história individual, também os complexos sociais de caráter arquetípico têm sua própria história. Enquanto os complexos pessoais nunca produzem mais do que um embaraço pessoal, os arquétipos criam mitos, religiões e ideias filosóficas que marcam nações e épocas inteiras. E assim como os produtos dos complexos pessoais podem ser entendidos como compensação de uma atitude unilateral ou deficiente da consciência, também podemos interpretar os mitos de caráter religioso como uma espécie [547] de terapia espiritual para os sofrimentos e temores da humanidade, como a fome, a guerra, a velhice e a morte.

548 O mito universal do herói projeta a figura de um homem poderoso ou de um homem-deus que combate todo mal personificável bem como toda espécie de inimigos, dragões, cobras, monstros e demônios, e livra seu povo da destruição e da morte. O relato ou a repetição ritual de textos e cerimônias sagrados, assim como a veneração de tal figura por meio de danças, música, hinos, orações e sacrifícios enche o espectador de sentimentos numinosos e eleva o indivíduo até a identificação com o herói. Se encararmos esta situação com os olhos do crente, entenderemos como a pessoa assim arrebatada é libertada de seu abandono e miséria e é elevada a uma categoria quase sobre-humana, ao menos momentaneamente; mas frequentes vezes esta convicção perdura por longo tempo. Uma iniciação desse tipo produz uma convicção duradoura e cria uma atitude que impõe certa forma ou certo estilo à vida de uma sociedade. Como exemplo, gostaria de mencionar os mistérios de Elêusis que no início do século VII da era cristã foram definitivamente suprimidos. Juntamente com o oráculo de Delfos eram a essência e o espírito da Antiguidade grega. Em escala bem mais ampla, a era cristã deve seu nome e seu significado a um outro mistério antigo, ou seja, ao mistério do homem-deus, cujas raízes devem ser buscadas no mito arquetípico de Hórus-Osíris.

549 É um preconceito hoje mundialmente difundido que, em tempos pré-históricos nebulosos, as ideias mitológicas fundamentais foram "inventadas" por um velho e esperto filósofo ou profeta e que, desde então, foram cridas por um povo crédulo e não crítico, ainda que as histórias narradas por uma casta sacerdotal, sedenta de poder, não sejam realmente "verdadeiras", mas apenas "pensamentos de desejos". "Inventar" vem do latim "invenire" que significa, em primeiro lugar, "deparar com" ou "encontrar algo" e, em

segundo lugar, "achar algo mediante procura". No último caso não se trata de um encontrar casual ou de deparar com, pois existe disso uma espécie de pré-conhecimento ou uma representação vaga daquilo que se vai encontrar.

Se examinarmos as representações estranhas nos sonhos da menina, parece improvável que ela pudesse ter *procurado* por elas, pois estava bastante surpresa por encontrá-las. Foi, por assim dizer, vítima de um acontecimento singular e inesperado que lhe pareceu suficientemente notável e interessante para com ele causar uma alegria natalina ao pai. Ao fazer isso, elevou-se de certa forma ao plano do mistério cristão, ainda vivo mesmo que modificado, do nascimento do Senhor, misturado com o mistério da árvore sempre verde que traz a luz recém-nascida. Ainda que haja suficientes comprovantes históricos da relação simbólica entre Cristo e a árvore, os pais ficariam sumamente embaraçados se lhes perguntássemos o que significa enfeitar a árvore com velas acesas no dia do nascimento de Cristo. Provavelmente teriam respondido: "É apenas um costume fazer isso no Natal". Uma resposta séria teria apresentado uma dissertação interessante e extensa sobre o simbolismo do Deus que morre, nos tempos antigos do Oriente próximo, e de sua relação com o culto da Grande Mãe e seu símbolo, a árvore; e isto só para mencionar um aspecto do complicado problema.

Quanto mais nos aproximamos da origem de uma *représentation collective* ou – usando a expressão da Igreja – de um dogma, tanto mais descobrimos uma teia aparentemente ilimitada de modelos arquetípicos que até hoje nunca foram objeto de uma reflexão consciente. Paradoxalmente, sabemos mais sobre simbolismo mitológico hoje do que qualquer época antes da nossa. O fato é que antigamente se *vivia* os símbolos, em vez de refletir sobre eles. Gostaria de ilustrar esse ponto através de uma experiência que tive entre os primitivos do Monte Elgon: Ao nascer do Sol, saem das

550

551

cabanas, cospem nas mãos e as estendem para os primeiros raios do Sol, como se estivessem oferecendo ao nascente deus Mungu sua respiração ou sua saliva. A palavra suahíli, que empregavam para descrever a ação ritual, remonta a uma raiz polinésia e corresponde a mana, mulungu ou palavras semelhantes que designam uma "força" de atuação extraordinária, uma essência que tudo penetra, e que nós chamaríamos divina. A palavra mungu é pois sua correspondente a Alá ou Deus. Quando lhes perguntei o que significava este gesto para eles e por que o faziam, eles ficaram surpresos. Só conseguiram responder: "Nós sempre fizemos isso. Sempre se procedeu assim quando o Sol nasce". Riram da conclusão lógica de que o Sol fosse mungu. O Sol não é mungu quando está acima do horizonte. Mungu é antes o instante do nascer do Sol"[23].

552   O que eles faziam era evidente para mim, mas não para eles. Eles simplesmente o fazem, não refletem sobre isso e, por isso, também não sabem expressar-se a respeito. Repetem apenas o que "sempre" fizeram de manhã, certamente com alguma emoção e não de forma puramente mecânica, pois eles vivem isso, ao passo que nós refletimos sobre isso. Eu sabia, portanto, que eles ofereciam a mungu suas almas, pois a respiração (da vida) e a saliva significavam "substância da alma". Soprar ou cuspir em cima de alguma coisa ou alguém significa algo como conferir um efeito "mágico" (por exemplo, Cristo usou a saliva para curar o cego; e o filho inala o último suspiro do pai moribundo e com isso assume a alma dele). É bem pouco provável que nos tempos antigos soubessem algo mais sobre o significado de suas cerimônias. Ao contrário, é provável que seus antepassados sabiam ainda menos sobre o significado de seu agir,

---

23. Cf. OC, 8; § 329 e 411.

pois eram bem mais inconscientes e refletiam ainda menos sobre suas ações.

O Fausto de Goethe diz muito bem: "No princípio era a ação". As "ações" nunca foram inventadas, elas foram feitas. Mas as ideias são uma descoberta relativamente tardia: elas foram primeiro encontradas, depois foram procuradas e encontradas. A vida irrefletida existiu bem antes; ela não foi "inventada", mas o homem esteve nela como uma "ideia posterior". No início foi levado a agir por fatores inconscientes, e só bem mais tarde começou a refletir sobre as causas que o motivaram à ação; e depois levou ainda muito tempo para chegar à ideia antinatural de que ele mesmo devia ter-se motivado, uma vez que seu espírito não pôde perceber nenhuma outra força motivadora. Seria ridícula a ideia de que uma planta ou um animal pudesse ter inventado a si mesmo, no entanto muitos acreditam que a psique ou o espírito se inventaram e conseguiram por si mesmos a existência. É fato que o espírito chegou a seu verdadeiro estado de consciência como o carvalho veio da bolota, ou como os sáurios evoluíram para mamíferos. Ainda é hoje assim como sempre foi. Somos movimentados por forças internas da mesma forma que por estímulos externos; e assim como os últimos não são produzidos por nós, também as causas motivadoras provêm de uma matriz que escapa à consciência e ao seu controle.

Na Antiguidade mítica estas forças foram chamadas mana, espíritos, demônios e deuses, e não são menos ativas hoje do que foram naquela época e lugar. Quando correspondem a nossos desejos, nós as chamamos de ideias ou impulsos felizes e nós mesmos nos congratulamos por sermos tão espertos. Mas se elas se voltarem contra nós, então tivemos azar, ou certas pessoas estão contra nós, ou deve ser algo patológico, pois não admitimos depender de "forças" que fogem decididamente do nosso controle.

555 É verdade que nos tempos mais recentes o homem civilizado adquiriu certo grau de força de vontade que ele pode usar ao seu bel-prazer. Aprendemos a executar corretamente nosso trabalho, sem recorrer a cantos e tambores que nos colocam hipnoticamente num estado de agir. Podemos, inclusive, virar-nos sem a oração diária pedindo ajuda a Deus. Podemos realizar o que nos propomos, e parece óbvio ser possível transformar sem dificuldade uma ideia em ação, ao passo que o primitivo é perturbado passo a passo por precauções, medos e superstições. O ditado "onde há uma vontade, há um caminho" expressa não apenas um preconceito alemão. É uma superstição do homem moderno em geral. E, para manter esta crença, cultiva por sua vez uma grande falta de introspecção. Está completamente cego para o fato de que, com toda a sua racionalidade e competência, é presa de "forças" sobre as quais não tem controle algum. Seus deuses e demônios receberam apenas outros nomes, mas não desapareceram. Perseguem-no através de insatisfações, vagos temores, complicações psicológicas, necessidade incontrolável de comprimidos, álcool, fumo, dietas, cuidados higiênicos e, sobretudo, através de uma importante série de neuroses.

556 Já mencionei acima que encontrei um exemplo drástico disso na pessoa de um professor de Filosofia e Psicologia – de uma psicologia para a qual ainda não havia chegado o inconsciente. Estava tomado pela ideia compulsiva de ter câncer. Havia consultado diversos médicos que lhe provaram, através de radiografias, que tudo não passava de cisma. Ele me confessou que *sabia* não ter câncer, mas que esse conhecimento em nada ajudava contra o medo insuperável de poder ter, apesar de tudo, um tumor maligno. Quem ou o que lhe incutiu essa ideia? Certamente proveio de algum medo, de algum estado emocional que não foi causado por intenção consciente, nem pela observação de

fatos. Ela sobreveio algum dia repentinamente e permaneceu. Os sintomas desse tipo são terrivelmente obstinados e impedem que o paciente receba o tratamento adequado. O que poderia fazer a psicoterapia num caso de tumor maligno? Para seu maior e sempre repetido alívio, todo novo entendido explicava que não existia vestígio algum de câncer. Isto era um ganho positivo, uma luz na escuridão de seus medos e um grande consolo em sua aflição, enquanto durava. Mas, já no dia seguinte, a dúvida voltava a roê-lo e logo estava submerso na noite do medo implacável.

A ideia mórbida exerceu sobre ele um poder que não tinha sob seu controle, apesar do fato de um tal caso não estar previsto em sua psicologia filosófica, onde tudo escapava caprichosamente à consciência e à sua percepção sensorial. O professor admitia simplesmente o fato de que o caso era patológico; além disso não pensava, pois havia chegado ao limite inviolável entre o campo filosófico e medicinal: o primeiro se ocupa com os conteúdos normais, o outro com os anormais que são desconhecidos no mundo do filósofo. 557

Esta psicologia à *compartiments* lembra-me outro caso semelhante. Trata-se de um alcoólico que, sob a louvável influência de certo movimento religioso, ficou tão entusiasmado que esqueceu a bebida. Ele fora evidentemente curado de forma milagrosa por Jesus, e foi apresentado em toda parte como testemunho da graça divina e da respeitabilidade da respectiva organização. Após algumas semanas de testemunhos públicos, começou a desgastar-se o estímulo da novidade, parece que acabou o pequeno refresco alcoólico e ele voltou a beber. Dessa vez a prestimosa organização chegou à conclusão de que o caso era patológico e já não se adequava a uma intervenção de Jesus. Internaram-no numa clínica para que o médico tratasse do caso melhor do que o curador divino. 558

559   Este é um aspecto do espírito moderno "cultivado" que merece atenção mais aprofundada. Ele apresenta uma grande proporção de dissociação e confusão psicológica. Acreditamos exclusivamente na consciência e em seu livre-arbítrio, e já não percebemos que somos regidos por uma extensão incalculável de "forças" que atuam de fora do campo relativamente limitado em que podemos ser racionais e exercer certa medida de livre-escolha e autocontrole. Em nosso tempo que sofre todo tipo de desorientação é necessário compreendermos o verdadeiro estado das relações humanas que dependem muito das qualidades espirituais e morais do indivíduo e da psique em geral. Para isso devemos conhecer tanto o passado quanto o presente da pessoa humana e ver as coisas em sua perspectiva correta.

6. A função dos símbolos religiosos

560   Ainda que a consciência civilizada já se tenha libertado dos instintos básicos, estes não desapareceram; perderam apenas seu contato com a consciência. Por isso viram-se forçados a manifestar-se de modo indireto, ou seja, através do que Janet chamou de "automatismos"; no caso de uma neurose, através de sintomas e, no caso normal, através de incidentes de todo tipo como disposições inexplicáveis de humor, esquecimento inesperado, equívocos etc. Estas manifestações realçam de maneira clara a *autonomia* do arquétipo. É fácil achar que somos senhores em nossa própria casa, mas enquanto não estivermos em condições de dominar nossos sentimentos e disposições de espírito ou de ter consciência das centenas de caminhos secretos onde se imiscuem pressupostos inconscientes em nossos arranjos e decisões, não somos senhores. Ao contrário, temos tantos motivos de incerteza que faríamos bem em pensar duas vezes antes de agir.

A pesquisa da consciência é impopular ainda que fos- 561
se muito necessária, sobretudo em nosso tempo em que o
homem está ameaçado por perigos mortais, que ele mesmo
criou e que lhe fogem ao controle. Se considerarmos a humanidade como *um* indivíduo, nossa situação atual se parece à de uma pessoa que é arrastada por forças inconscientes.
Pela cortina de ferro está dissociado como um neurótico.
O homem ocidental que até aqui representou a consciência
autêntica percebe aos poucos a vontade agressiva de poder
do lado oriental e se vê forçado a medidas incomuns. Todos
os seus vícios, ainda que desmentidos oficialmente e enco-
bertos pelas boas maneiras internacionais, lhe são lançados
em rosto de forma escandalosa e metódica pelo Oriente. O
que o Ocidente manobrou, ainda que em segredo, e escon-
deu com certa vergonha sob o manto de mentiras diplomá-
ticas, de manobras enganosas, de distorções dos fatos e de
ameaças veladas, volta-se agora contra ele e o confunde totalmente. Um caso tipicamente neurótico! O rosto de nossa
própria sombra ri de nós através da cortina de ferro.

Daí se explica o enorme sentimento de desamparo que 562
atormenta a consciência ocidental. Começamos a admitir
que a natureza do conflito seja um problema moral e espiritual, e nos esforçamos por encontrar alguma solução qualquer. Aos poucos nos convencemos de que as armas nuclea-
res são uma solução desesperadora e indesejável, porque são
uma espada de dois gumes. Compreendemos que os recursos morais e espirituais poderiam ser mais eficazes, uma vez
que podem imunizar-nos psiquicamente contra a infecção
que se alastra sempre mais. Mas todos esses esforços são e
serão inúteis enquanto tentarmos convencer a nós mesmos
e o mundo de que elas, os nossos adversários, estão completamente errados do ponto de vista moral e filosófico.
Esperamos que se arrependam e reconheçam seus erros,
em vez de fazermos um sério esforço de reconhecer nossas

sombras e suas maquinações traiçoeiras. Pudéssemos ver nossas sombras, estaríamos imunizados contra qualquer infecção e qualquer infiltração moral e religiosa. Mas enquanto isso não acontecer, estamos expostos a todo tipo de contágio, pois na prática fazemos o mesmo que eles, só com a desvantagem suplementar de não vermos nem querermos ver o que praticamos sob o manto de nossas boas maneiras.

563   O Oriente, por sua vez, tem um grande mito que nós, em nossa vã esperança de que nosso critério superior o fará desaparecer, chamamos de ilusão. Este mito é o venerando e arquetípico sonho da época áurea ou do paraíso, onde todos teriam tudo e onde um chefe supremo, justo e sábio, dirige o jardim de infância. Este poderoso arquétipo, em sua forma infantil, tem seu encanto, e nosso critério superior sozinho não o expulsará do cenário do mundo. Ele não desaparece mas, ao contrário, alastra-se cada vez mais porque nós o ajudamos a propagar-se através de nossa infantilidade que não reconhece que nossa civilização está presa nas garras dos mesmos preconceitos míticos. O Ocidente entrega-se às mesmas esperanças, ideias e expectativas. Acreditamos no Estado assistencialista, na paz mundial, mais ou menos na igualdade de direitos de todas as pessoas, nos direitos humanos válidos para sempre, na justiça e na verdade (e falando baixinho) no reino de Deus na Terra.

564   Lamentavelmente é verdade que nosso mundo e vida consistem de opostos inexoráveis: dia e noite, bem-estar e sofrimento, nascimento e morte, bem e mal. E sequer temos certeza se um compensa o outro: se o bem compensa o mal, se a alegria compensa a dor. A vida e o mundo são um campo de batalha, sempre o foram e sempre o serão; e se assim não fosse, a existência logo teria um fim. Um estado de perfeito equilíbrio não existe em lugar nenhum. Esta é também a razão por que uma religião altamente desenvolvida,

como o cristianismo, esperava o fim próximo desse mundo; e por que o budismo lhe coloca realmente um fim, voltando as costas para todos os desejos terrenos. Estas soluções categóricas seriam simplesmente um suicídio, não estivessem elas ligadas a certas ideias morais e religiosas que constituem o substrato dessas duas religiões.

Lembro isso porque em nossa época há muitas pessoas que perderam sua fé em uma ou outra das religiões do mundo. Já não reservam nenhum lugar para ela. Enquanto a vida flui harmoniosamente sem ela, a perda não é sentida. Sobrevindo, porém, o sofrimento, a situação muda às vezes drasticamente. A pessoa procura então subterfúgios e começa a pensar sobre o sentido da vida e sobre as experiências acabrunhadoras que a acompanham. Segundo uma estatística, o médico é mais solicitado nesses casos por judeus e protestantes e menos por católicos. (Isto é assim porque a Igreja Católica se sente responsável pela *cura animaruin*, pela cura das almas.) Acredita-se na ciência e por isso são colocadas hoje aos psiquiatras as questões que antigamente pertenciam ao campo do teólogo. As pessoas têm a sensação de que faz ou faria grande diferença se tivessem uma fé firme num modo de vida com sentido, ou em Deus e na imortalidade. O fantasma da morte que paira ameaçador diante delas é muitas vezes uma força motriz bem forte nesses pensamentos. Desde tempos imemoriais, as pessoas criaram concepções de um ou mais seres superiores e de uma vida no além. Só a época moderna acredita poder viver sem isso. Pelo fato de não se poder ver, com a ajuda do telescópio e do radar, o céu com o trono de Deus e pelo fato de não se haver provado (com certeza) que os entes queridos ainda vagueiam por aí com um corpo mais ou menos visível, supõe-se que essas concepções não sejam "verdadeiras". Enquanto concepções não são, inclusive, "verdadeiras" o bastante, pois acompanharam a vida humana desde os tempos pré-históricos e ainda agora estão prontas a irromper na consciência na primeira oportunidade.

566   É até lamentável a perda dessas convicções. Tratando-se de coisas invisíveis e irreconhecíveis – Deus está além de qualquer compreensão humana, e a imortalidade não se pode comprovar – para que procurar testemunhos ou a verdade? Suponhamos que nada soubéssemos sobre a necessidade do sal em nossa alimentação, assim mesmo nos beneficiaríamos de seu uso. Mesmo admitindo que o uso do sal devesse ser atribuído a uma ilusão de nosso paladar, ou que ele procedesse de uma superstição, ainda assim contribuiria para o nosso bem-estar. Por que brigar por convicções que se mostram úteis nas crises e que podem dar sentido à nossa existência? Como saber se estas ideias não são verdadeiras? Muitas pessoas concordariam comigo se eu estivesse convencido de que essas ideias são inverossímeis. O que elas não sabem, porém, é que esta negação também é inverossímil. A decisão cabe exclusivamente a cada um. Somos totalmente livres para escolher nosso ponto de vista. De qualquer forma será sempre arbitrário. Por que nutrir ideias das quais sabemos que jamais poderão ser demonstradas? O único argumento empírico que se pode aduzir a seu favor é que são úteis e que são usadas até certo ponto. Dependemos realmente de ideias e convicções gerais porque são capazes de dar sentido à nossa existência. A pessoa consegue suportar dificuldades inacreditáveis quando está convencida do significado delas, e se sente derrotada quando tem de admitir que, além de sua má sorte, aquilo que faz não tem sentido algum.

567   É finalidade e aspiração dos símbolos religiosos dar sentido à vida humana. Quando os índios pueblo acreditam que são filhos do pai Sol, então sua vida tem uma perspectiva e objetivo que ultrapassam sua existência individual e limitada. Isto deixa um espaço precioso para o processo

de desenvolvimento de sua personalidade e é incomparavelmente mais satisfatório do que a certeza de que se é e continua sendo um servente de bazar. Se Paulo estivesse convencido de que não era mais do que um fabricante itinerante de tapetes, não teria sido ele mesmo. O que deu realidade e sentido à sua vida foi a certeza de que era um mensageiro de Deus. Poderíamos acusá-lo de megalomania, mas este aspecto esmaece diante do testemunho da história e do *consensus omnium* (consenso de todos). O mito que se apoderou dele fez de Paulo alguém maior do que um simples artesão.

O mito se compõe de símbolos que não foram inventados, mas que simplesmente aconteceram. Não foi o homem Jesus que criou o mito do homem-deus. Este já existia há séculos. Ao contrário, ele mesmo foi tomado por esta ideia simbólica que, segundo descreve Marcos, o tirou da oficina de carpinteiro e da limitação espiritual de seu meio ambiente. Os mitos provêm dos contadores primitivos de histórias e de seus sonhos, de pessoas que eram estimuladas pelas noções de sua fantasia e que pouco se diferenciaram daquelas que mais tarde chamaríamos de poetas ou filósofos. Os contadores primitivos de histórias nunca se perguntaram muito sobre a origem de suas fantasias. Só bem mais tarde começou-se a pensar sobre a procedência da história. Já na Grécia antiga o intelecto humano estava suficientemente desenvolvido para chegar à suposição de que as histórias que se contavam sobre os deuses nada mais eram do que tradições antigas e exageradas de reis da Antiguidade e de suas façanhas. Já naquela época supunham que o mito não devia ser tomado literalmente por causa de seu absurdo óbvio. Por isso tentaram reduzi-lo a uma fábula de compreensão geral. É isso precisamente que nossa época tentou fazer com o simbolismo dos sonhos: pressupõe-se que o sonho não signifique exatamente o que parece dizer, mas algo conhecido e compreendido em geral que, devido à sua qualidade inferior, não é declarado abertamente. Mas para quem se livrara de seus antolhos convencionais já não havia mistério. Parecia certo que os sonhos não significavam exatamente aquilo que aparentavam dizer, mas outra coisa.

569 Esta suposição é, no entanto, completamente arbitrária. Já o *Talmude* dizia com mais acerto: "O sonho é sua própria interpretação". Por que deveria o sonho significar outra coisa e não aquilo que nele se manifesta? Existe na natureza alguma coisa que seja diferente do que ela é? O platípode, por exemplo, aquele monstro primitivo que nenhum zoólogo poderia ter inventado, não é ele simplesmente o que é? O sonho é um fenômeno normal e natural que certamente é apenas aquilo que é e nada mais significa do que isso. Dizemos que seu conteúdo é simbólico não só porque ele evidentemente possui um significado, mas porque aponta para várias direções e deve significar algo que é inconsciente ou que, ao menos, não é consciente em todos os seus aspectos.

570 Para um intelecto científico, fenômenos como as representações simbólicas são altamente irritantes porque não se deixam formular de maneira satisfatória à nossa inteligência e ao nosso modo lógico de pensar. Elas não estão isoladas dentro da psicologia. As dificuldades já começam com o fenômeno do afeto ou das emoções, que foge a qualquer tentativa do psicólogo de traçar-lhe os limites de um conceito mais preciso. A causa da dificuldade é a mesma em ambos os casos: é a intervenção do inconsciente. Estou suficientemente familiarizado com o ponto de vista científico para entender que é sumamente desagradável ter de lidar com fatos que não conseguimos entender plenamente ou, ao menos, de modo satisfatório. Em ambos os casos a dificuldade está em que nos vemos confrontados com fatos indiscutíveis, mas que não podem ser expressos através de conceitos intelectuais. Em lugar de particularidades observáveis e de características nitidamente distinguíveis, é a própria

vida que se manifesta em emoções e ideias simbólicas. Em muitos casos elas são evidentemente as mesmas. Não existe fórmula intelectual capaz de resolver esta tarefa impossível e expor satisfatoriamente algo tão complexo.

O psicólogo acadêmico é perfeitamente livre em deixar 571 de lado a emoção, ou o inconsciente, ou ambos, mas a realidade persiste; ao menos o psicólogo clínico deve dar-lhes muita atenção, pois os conflitos emocionais e as interferências do inconsciente são características de sua ciência. Ao tratar de um paciente, ele será confrontado com tais coisas irracionais, quer saiba formulá-las intelectualmente, quer não. Ele deve reconhecer sua existência bastante incômoda. Portanto é natural que alguém, que não tenha sentido ou experimentado os fatos de que fala o psicólogo clínico, possa não entender sua terminologia. Quem não teve a oportunidade ou a infelicidade de passar por esta situação, ou outra semelhante, quase não está em condições de entender os fatos que começam a acontecer quando a psicologia deixa de ser uma ocupação de trabalho sereno e controlado e se torna uma verdadeira aventura da vida. Tiro ao alvo num estande de tiro ainda não é uma batalha, mas o médico tem que lidar com feridos numa verdadeira guerra. Por isso tem que interessar-se pelas realidades psíquicas, mesmo que não consiga defini-las com conceitos científicos. Pode dar-lhes nomes, mas sabe que os conceitos que usa para designar os fatores principais da vida real não pretendem ser mais do que nomes para fatos que devem ser experimentados em si porque não são reproduzíveis através de seus nomes. Nomes são apenas palavras e palavras nunca equivalem aos fatos. Nenhum manual pode ensinar verdadeiramente psicologia, mas apenas a experiência real dos fatos. Não basta aprender de cor palavras para obter algum conhecimento, pois os símbolos são realidades vivas, existenciais e não simples sinais de algo já conhecido.

572   Na religião cristã, a cruz é um símbolo muito significativo que exprime uma diversidade de aspectos, representações e emoções; mas uma cruz precedendo o nome de uma pessoa significa que ela já morreu. O falo (ou *lingam*) serve na religião hindu de símbolo universal; e mesmo que um garoto use um quadro desses para decorar um canto escuro, isto significa simplesmente que tem interesse em seu pênis. Na medida em que fantasias infantis e da adolescência penetram fundo na idade adulta, ocorrem muitos sonhos que contêm indiscutíveis alusões sexuais. Seria absurdo entendê-los de outra forma. Mas quando um telhador fala de monges e freiras que devem ser colocados uns sobre os outros, ou quando um serralheiro europeu fala de chaves masculinas e femininas, seria absurdo supor que ele está se ocupando com fantasias de juventude. Eles simplesmente pensam num tipo bem determinado de telhas ou chaves. Esses objetos não são símbolos sexuais. Apenas receberam nomes sugestivos. Mas quando um hindu culto fala conosco sobre o *lingam*, ouvimos coisas que jamais teríamos ligado ao pênis. Inclusive é muito difícil adivinhar o que ele entende exatamente por este conceito, e chega-se à conclusão natural de que o *lingam* simboliza muitas coisas. O *lingam* não é de forma alguma uma alusão obscena, assim como a cruz não é apenas um sinal de morte, mas também um símbolo para grande número de outras concepções. Muito depende da maturidade do sonhador que produz tal quadro.

573   A interpretação de sonhos e símbolos requer certa inteligência. Não é possível mecanizá-la ou incuti-la em cabeças imbecis e sem fantasia. Ela exige um conhecimento sempre maior da individualidade do sonhador, bem como um autoconhecimento sempre maior por parte do intérprete. Ninguém familiarizado com este campo negará que existem regras básicas que podem ser úteis, mas devem ser usadas com cautela e inteligência. Não é dado a todos dominar

a "técnica". Pode-se seguir corretamente as regras, andar pelo caminho seguro da ciência e, assim mesmo, incorrer no maior absurdo pelo fato de não ter levado em consideração um detalhe aparentemente sem importância que não teria escapado a uma inteligência mais aguçada. Mesmo uma pessoa com inteligência altamente desenvolvida pode errar muito porque não aprendeu a usar sua intuição ou sentimento que podem, inclusive, estar num grau de desenvolvimento lastimavelmente baixo.

Fato é que a tentativa de entender símbolos não se confronta só com o símbolo em si mas com a totalidade de um indivíduo que gera símbolos. Se tivermos real aptidão, podemos ter algum êxito. Mas, via de regra, é necessário fazer um exame especial do indivíduo e de sua formação cultural. Com isso pode-se aprender muita coisa e aproveitar a oportunidade de preencher as próprias lacunas culturais. Tracei como norma para mim considerar todo caso como tarefa totalmente nova, do qual não sei nada. A rotina pode ser útil e, de fato, é, enquanto estamos lidando com a superfície; mas quando atingimos os problemas principais, a própria vida toma o comando e, então, até as premissas teóricas mais brilhantes tornam-se palavras ineficazes. 574

Isto faz do ensino dos métodos e técnicas neste campo um grande problema. Como falei acima, o estudante precisa assimilar uma quantidade de conhecimentos específicos. Isso lhe proporciona as ferramentas intelectuais necessárias, mas o principal, isto é, o manejo delas, ele só o aprende depois de submeter-se a uma análise que lhe mostrará os seus próprios conflitos. Para alguns indivíduos ditos normais, mas sem fantasia, isto pode ser uma tarefa penosa. Eles são incapazes, por exemplo, de reconhecer o simples fato de que os acontecimentos psíquicos nos acometem espontaneamente. Tais pessoas preferem ater-se à ideia de que aquilo que sempre acontece é produzido por eles mesmos 575 ou é patológico, e deve ser curado por comprimidos ou injeções. Esses casos mostram que a normalidade enfadonha está próxima da neurose. Além do mais são também estas pessoas que mais rapidamente são vítimas de epidemias mentais.

576 Em todos os graus mais elevados da ciência desempenha papel cada vez mais importante, ao lado do puro intelecto e de sua formação e aplicabilidade, a fantasia e a intuição. Mesmo a física, a mais estrita das ciências aplicadas, depende em grau surpreendente da intuição que trabalha com a ajuda de processos inconscientes e conclusões não lógicas, ainda que posteriormente se possa demonstrar que um processo lógico de pensar teria levado ao mesmo resultado.

577 A intuição é quase indispensável na interpretação dos símbolos e pode trazer, por parte do sonhador, uma aceitação imediata. Por mais convincente que seja subjetivamente essa feliz ideia, é também perigosa, pois pode conduzir alguém para um sentimento falso de certeza. Pode até mesmo levar a que o intérprete e o sonhador transformem em costume esta forma de troca relativamente fácil, o que pode terminar numa espécie de sonho comum. O fundamento seguro de um conhecimento e compreensão intelectuais e morais genuínos se perde quando a gente se contenta com a vaga sensação de haver entendido. Quando perguntamos a essas pessoas sobre as razões de sua assim chamada compreensão, normalmente se verifica que não sabem dar nenhuma explicação. Só podemos explicar e conhecer quando colocamos nossa intuição sobre a base segura de um conhecimento real dos fatos e de suas conexões lógicas. Um pesquisador honesto há de concordar que isto não é possível em alguns casos, pois seria desleal não levar em consideração tais casos. Sendo o cientista uma simples pessoa humana, é perfeitamente natural que odeie as coisas que não sabe explicar e caia na bem conhecida ilusão de que aquilo que hoje sabemos é o mais alto grau do conhecimento. Nada é

mais vulnerável e passageiro do que as teorias científicas que sempre são meros instrumentos e nunca verdades eternas.

7. A cura da divisão

É sobretudo a psicologia clínica que se ocupa com o estudo dos símbolos; por isso seu material consiste dos chamados símbolos naturais, em oposição aos *símbolos culturais*. Aqueles são derivados diretamente dos conteúdos inconscientes e apresentam, por isso, grande número de variantes de motivos individuais, chamadas imagens arquetípicas. Devem seu nome ao fato de poderem ser seguidas muitas vezes até suas raízes arcaicas, isto é, até documentos da mais antiga pré-história ou até às "représentations collectives" das sociedades primitivas. A respeito disso gostaria de remeter o leitor a livros como o trabalho de Eliade sobre o xamanismo[24], onde encontramos grande quantidade de exemplos esclarecedores.

578

Os símbolos culturais, ao contrário, são os que expressam "verdades eternas" e ainda estão em uso em todas as religiões existentes. Esses símbolos passaram por muitas transformações e por alguns processos maiores ou menores de aprimoramento, tornando-se assim as "représentations collectives" das sociedades civilizadas. Conservaram em grande parte sua numinosidade original e funcionam como "preconceitos" no sentido positivo e negativo, com os quais o psicólogo deve contar seriamente.

579

Ninguém pode rejeitar essas coisas numinosas por motivos puramente racionais. São partes importantes de nossa estrutura mental e não podem ser erradicadas sem uma grande perda, pois participam como fatores vitais na cons-

580

---

24. ELIADE, M. *Shamanism*: Archaic Techniques of Ecstasy. Londres: Routledge and Kegan Paul.

trução da sociedade humana, e isto desde tempos imemoriais. Quando são reprimidas ou desprezadas, sua energia específica desaparece no inconsciente, com consequências imprevisíveis. A energia aparentemente perdida revive e intensifica o que sempre está por cima no inconsciente, isto é, tendências que até então não tiveram oportunidade de manifestar-se ou não puderam ter uma existência desinibida na consciência, constituindo assim uma sombra sempre destrutiva. Mesmo as tendências que poderiam exercer uma influência altamente benéfica transformam-se em verdadeiros demônios quando são reprimidas. Por isso muitas pessoas bem-intencionadas têm razão em temer o inconsciente e também a psicologia.

581   Nossa época demonstrou o que significa quando as portas do submundo psíquico são abertas. Aconteceram coisas cuja monstruosidade não poderia ser imaginada pela inocência idílica da primeira década do nosso século. O mundo foi revirado por elas e encontra-se, desde então, num estado de esquizofrenia. Não só a grande e civilizada Alemanha cuspiu seu primitivismo assustador, mas também a Rússia foi por ele comandada, e a África está em chamas. Não admira que o mundo ocidental se sinta constrangido, pois não sabe o quanto está implicado no submundo revolucionário e o que perdeu com a destruição do numinoso. Perdeu seus valores espirituais normais em proporções desconhecidas e muito perigosas. Sua tradição moral e espiritual foi ao diabo e deixou atrás de si uma desorientação e dissociação universais.

582   Poderíamos ter aprendido há muito tempo do exemplo das sociedades primitivas o que significa a perda do numinoso: elas perdem sua razão de ser, o sentido de sua vida, sua organização social e, então, se dissolvem e decaem. Encontramo-nos agora na mesma situação. Perdemos algo que nunca chegamos a entender direito. Não podemos eximir nossos "dirigentes espirituais" da acusação de que estavam

mais interessados em proteger sua organização do que em entender o mistério que o ser humano apresentava em seus símbolos. A fé não exclui a razão na qual reside a maior força do ser humano. Nossa fé teme a ciência e também a psicologia, e desvia o olhar da realidade fundamental do numinoso que sempre guia o destino dos homens.

As massas e seus líderes não reconhecem que há uma diferença essencial se tratamos o princípio universal de forma masculina e pai, ou de forma feminina e mãe (pai = espírito, mãe = matéria). É de somenos importância porque sabemos tão pouco de um quanto de outro. Desde os inícios da mente humana, ambos eram símbolos numinosos e sua importância estava em sua numinosidade e não em seu sexo ou em outros atributos casuais. Tiramos de todas as coisas seu mistério e sua numinosidade e nada mais é sagrado. Mas como a energia nunca desaparece, também a energia emocional que se manifesta nos fenômenos numinosos não deixa de existir quando ela desaparece do mundo da consciência. Como já afirmei, ela reaparece em manifestações inconscientes, em fatos simbólicos que compensam certos distúrbios da psique consciente. Nossa psique está profundamente conturbada pela perda dos valores morais e espirituais. Sofre de desorientação, confusão e medo, porque perdeu suas "idées forces" dominantes e que até agora mantiveram em ordem nossa vida. Nossa consciência já não é capaz de integrar o afluxo natural dos epifenômenos instintivos que sustentam nossa atividade psíquica consciente. Isto já não é possível como antigamente, porque a própria consciência se privou dos órgãos pelos quais poderiam ser integradas as contribuições auxiliares dos instintos e do inconsciente. Esses órgãos eram os símbolos numinosos, considerados sagrados pelo consenso comum, isto é, pela fé.

Um conceito como "matéria física", despido de sua conotação numinosa de "Grande Mãe", já não expressa o forte sentido emocional da "Mãe Terra". É um simples termo intelectual, seco qual pó e totalmente inumano. Da mesma forma, o espírito identificado com o intelecto cessa de ser o Pai de tudo e degenera para a compreensão limitada das pessoas. E a poderosa quantidade de energia emocional, expressa na imagem de "nosso Pai", desaparece nas areias de um deserto intelectual.

585 Por causa da mentalidade científica, nosso mundo se desumanizou. O homem está isolado no cosmos. Já não está envolvido na natureza e perdeu sua participação emocional nos acontecimentos naturais que até então tinham um sentido simbólico para ele. O trovão já não é a voz de Deus nem o raio seu projétil vingador. Nenhum rio contém qualquer espírito, nenhuma árvore significa uma vida humana, nenhuma cobra incorpora a sabedoria e nenhuma montanha é ainda habitada por um grande demônio. Também as coisas já não falam conosco, nem nós com elas, como as pedras, fontes, plantas e animais. Já não temos uma alma da selva que nos identifica com algum animal selvagem. Nossa comunicação direta com a natureza desapareceu no inconsciente, junto com a fantástica energia emocional a ela ligada.

586 Esta perda enorme é compensada pelos símbolos de nossos sonhos. Eles trazem novamente à tona nossa natureza primitiva com seus instintos e modos próprios de pensar. Infelizmente, poderíamos dizer, expressam seus conteúdos na linguagem da natureza que nos parece estranha e incompreensível. Isto nos coloca a tarefa incomum de traduzir seu vocabulário para os conceitos e categorias racionais e compreensíveis de nossa linguagem atual que conseguiu libertar-se de sua escória primitiva, isto é, de sua participação mística com as coisas. Falar de espíritos e de outras figuras numinosas já não significa invocá-los. Já não acreditamos em fórmulas mágicas. Já não restaram muitos tabus e restrições

semelhantes. Nosso mundo parece ter sido desinfetado de todos esses numes "supersticiosos" como "bruxas, feiticeiros e duendes", para não falar de lobisomens, vampiros, almas da floresta e de todas as outras entidades estranhas e bizarras que povoam as matas virgens.

Ao menos a superfície de nosso mundo parece estar purificada de toda superstição e componentes irracionais. Outra questão é se o mundo realmente humano – e não nossa ficção desejosa dele – também está livre de todo primitivismo. O número 13 não é ainda para muitas pessoas um tabu? Não existem ainda muitos indivíduos tomados por estranhos preconceitos, projeções e ilusões infantis? Um quadro realista revela muitos traços e restos primitivos que ainda desempenham um papel como se nada tivesse acontecido nos últimos quinhentos anos. O homem de hoje é realmente uma mistura curiosa de características que pertencem aos longos milênios de seu desenvolvimento mental. Este é o ser humano com cujos símbolos temos que lidar e, quando nos confrontamos com ele, temos que examinar cuidadosamente seus produtos mentais. Pontos de vista céticos e convicções científicas existem lado a lado com preconceitos ultrapassados, modos de pensar e sentir superados, interpretações erradas mas teimosas e ignorância cega.

Assim são as pessoas que produzem os símbolos que examinamos em seus sonhos. Para explicar os símbolos e seu significado é necessário descobrir se as representações a eles ligadas são as mesmas de sempre, ou se foram escolhidas pelo sonho, para seu objetivo determinado, a partir de um estoque geral de conhecimentos conscientes. Quando, por exemplo, estudamos um sonho onde aparece o número 13, surge a pergunta: será que o sonhador acredita habitualmente na natureza desfavorável desse número, ou o sonho só alude a pessoas que ainda se entregam a tais superstições? A resposta a esta pergunta é de grande importância para a interpretação. No primeiro caso, temos que contar com o fato de que o indivíduo ainda acredita no azar do número 13, sentindo-se portanto desconfortável num quarto número 13 ou à mesa com 13 pessoas. No segundo caso, o número 13 nada mais significa do que uma observação crítica ou desprezível. No primeiro caso, trata-se de uma representação ainda numinosa; no segundo, está desprovido de sua emotividade original e assumiu o caráter inofensivo de um mensageiro indiferente.

589   Pretendi demonstrar com isso como se apresentam os arquétipos na experiência prática. No primeiro caso, aparecem em sua forma original, isto é, *são imagens e ao mesmo tempo emoções*. Só podemos falar de um arquétipo quando estão presentes esses dois aspectos ao mesmo tempo. Estando presente apenas uma imagem, ela é tão somente uma imagem de palavra, como um corpúsculo sem carga elétrica. Ela é, por assim dizer, inerte, mera palavra e nada mais. Mas se a imagem estiver carregada de numinosidade, isto é, de energia psíquica, então ela é dinâmica e produzirá consequências. Por isso é grande erro em todos os casos práticos tratar um arquétipo como simples nome, palavra ou conceito. E muito mais do que isso: é um pedaço de vida, enquanto é uma imagem que está ligada a um indivíduo vivo por meio da ponte do sentimento. É um erro bastante difundido considerar os arquétipos como conceitos ou palavras e não ver que o arquétipo é ambas as coisas: uma imagem e uma emoção. A palavra sozinha é mera abstração, uma moeda circulante no comércio intelectual. Mas o arquétipo é algo vivo, por assim dizer. Ele não é cambiável ilimitadamente, mas pertence sempre à economia psíquica do indivíduo vivo do qual não pode ser separado e usado arbitrariamente para outros fins. Não pode ser explicado de qualquer forma, apenas da forma indicada pelo respectivo indivíduo. O símbolo da cruz, por exemplo, só pode ser interpretado, no caso de

um bom cristão, de maneira cristã, a não ser que o sonho traga razões bem fortes em contrário; mas ainda assim é bom não perder de vista o sentido cristão. Quando se tira das imagens arquetípicas sua carga emocional específica, a vida foge delas e elas se tornam meras palavras. E então é possível vinculá-las a outras representações mitológicas e, ao final, ainda mostrar que tudo significa tudo. Todos os cadáveres deste mundo são quimicamente iguais, mas as pessoas vivas não o são.

O simples uso de palavras é fértil quando não se sabe para que servem. Isto vale principalmente para a psicologia, onde se fala de arquétipos como *anima* e *animus*, o velho sábio, a grande mãe etc. Pode-se conhecer todos os santos, sábios, profetas e outros homens de Deus e todas as grandes mães do mundo, mas se permanecerem simples imagens, cuja numinosidade nunca experimentamos, é como falar em sonho, pois não se sabe o que se está falando. As palavras que empregamos são vazias e inúteis. Elas só despertam para um sentido e para a vida quando tentamos experimentar sua numinosidade, isto é, sua relação com o indivíduo vivo. Só então começamos a perceber que os nomes significam muito pouco, mas a maneira como estão relacionados a alguém, isto é de importância decisiva.

A função geradora de símbolos de nossos sonhos é uma tentativa de trazer nossa mente original de volta à consciência, onde ela nunca esteve antes e nunca se submeteu a uma autorreflexão crítica. Nós fomos esta mente, mas nunca a *conhecemos*. Nós nos livramos dela, antes mesmo de a compreendermos. Ela brotou de seu berço e raspou suas características primitivas como se fossem cascas incômodas e inúteis. Parece até que o inconsciente representou o depósito desses restos. Os sonhos e seus símbolos referem-se constantemente a eles como se pretendessem trazer de volta todas as coisas velhas e primitivas das quais a mente se livrou durante o curso de sua evolução: ilusões, fantasias infantis, formas arcaicas de pensar e instintos primitivos. Este é na verdade o caso, e ele explica a resistência, até mesmo o horror e medo de que alguém é tomado quando se aproxima dos conteúdos inconscientes. Aqui a gente se choca menos com a primitividade do que com a emotividade dos conteúdos. Este é realmente o fator perturbador: esses conteúdos não são apenas neutros ou indiferentes, mas são carregados de tal emoção que são mais do que simplesmente incômodos. Produzem até mesmo pânico e, quanto mais reprimidos forem, mais perpassam toda a personalidade na forma de uma neurose.

592   É sua carga emocional que lhes dá uma importância decisiva. É como uma pessoa que, tendo passado uma fase de sua vida em estado inconsciente, de repente reconhece que existe uma lacuna em sua memória que se estende por um período onde aconteceram coisas importantes das quais não consegue lembrar-se. Admitindo que a psique é um assunto exclusivamente pessoal (e esta é a suposição usual), tentará reconduzir para a memória as recordações infantis aparentemente perdidas. Mas as lacunas de memória em sua infância são meros sintomas de uma perda bem maior, isto é, a perda da psique primitiva – a psique que teve funções vivas antes que fosse pensada pela consciência. Assim como na evolução do corpo embrionário se repete sua pré-história, também a mente humana percorre uma série de degraus pré-históricos em seu processo de maturação.

593   Os sonhos parecem considerar sua tarefa principal trazer de volta uma espécie de recordação do mundo infantil e do mundo pré-histórico até ao nível mais baixo dos instintos bem primitivos, como se esta recordação fosse um tesouro valioso. Estas recordações podem de fato ter um notável efeito curador em certos casos, como Freud o notara há muito tempo. Esta observação confirma o ponto de vista de que uma lacuna infantil na memória (uma dita amnésia) representa

de fato uma perda e que a recuperação da memória significa um certo aumento de vitalidade e bem-estar. Uma vez que medimos a vida psíquica da criança pela escassez e simplicidade de seus conteúdos da consciência, desconsideramos as grandes complicações da mente infantil que provêm de sua identidade original com a psique pré-histórica. Esta "mente original" está tão presente e atuante na criança quanto os graus de evolução no corpo embrionário. Se o leitor se lembrar do que eu disse sobre os sonhos da criança acima referida, terá uma boa ideia do que pretendo dizer.

594 Na amnésia infantil encontramos uma mistura estranha de fragmentos mitológicos que muitas vezes aparecem também em psicoses posteriores. Estas imagens são numinosas em alto grau e, portanto, de grande importância. Quando essas recordações aparecem novamente na idade adulta, podem causar as mais fortes emoções ou trazer curas admiráveis ou uma conversão religiosa. Muitas vezes trazem de volta um pedaço da vida que faltou por muito tempo e que dá plenitude à vida humana.

595 Trazer à tona lembranças infantis e modos arquetípicos da função psíquica produz um alargamento do horizonte da consciência, supondo-se que a pessoa consiga assimilar e integrar os conteúdos perdidos e reencontrados. Não sendo eles neutros, sua assimilação vai provocar uma modificação em nossa personalidade, assim como eles mesmos vão sofrer certas alterações necessárias. Nesta fase do processo de individuação, a interpretação dos símbolos tem um papel prático muito grande, pois os símbolos são tentativas naturais de lançar uma ponte sobre o abismo muitas vezes profundo entre os opostos, e de equilibrar as diferenças que se manifestam na natureza contraditória de muitos símbolos. Seria um erro particularmente funesto nesse trabalho de assimilação se o intérprete considerasse apenas as recordações conscientes como "verdadeiras" e "reais" e relegasse

os conteúdos arquetípicos como simples representações da fantasia. Apesar de seu caráter fantasioso, eles representam forças emocionais ou numinosidades. Se tentarmos colocá-los de lado, haveremos de reprimi-los e reconstituir o estado neurótico anterior. O numinoso confere aos conteúdos um caráter autônomo. Isto é um fato psicológico que não se pode negar. Se, apesar de tudo, for negado, seriam anulados os conteúdos reconquistados e toda tentativa de síntese seria em vão. Como isso parece uma saída cômoda, é muitas vezes escolhida.

596 Não se nega apenas a existência dos arquétipos, mas inclusive as pessoas que admitem sua existência os tratam normalmente como se fossem imagens e esquecem completamente que eles são entidades vivas que perfazem uma grande parte da psique humana. Assim que o intérprete se livra de forma ilegítima do numinoso, começa o processo de uma infindável *substituição*, isto é, passa-se sem empecilho de arquétipo para arquétipo, tudo significando tudo, e o processo todo foi levado ao absurdo. É verdade que as formas dos arquétipos são intercambiáveis em proporção considerável, mas a numinosidade deles é e permanece um fato. Ela possui o *valor* de um acontecimento arquetípico. O intérprete deve ter presente esse valor emocional e levá-lo em conta durante todo o processo intelectual de interpretação. O risco de perdê-lo é grande porque a oposição entre pensar e sentir é tão considerável que o pensar facilmente destrói valores do sentir, e vice-versa. A psicologia é a única ciência que leva em consideração o fator de valor, isto é, o sentir, pois é o elo entre os acontecimentos psíquicos, por um lado, e o sentido e a vida, por outro lado.

597 Nosso intelecto criou um novo mundo que domina a natureza e a povoa com máquinas monstruosas que se tornaram tão úteis e imprescindíveis que não vemos possibilidade de nos livrarmos delas ou de escaparmos de nossa

subserviência odiosa a elas. O homem nada mais pode do que levar adiante a exploração de seu espírito científico e inventivo, e admirar-se de suas brilhantes realizações, mesmo que aos poucos tenha de reconhecer que seu gênio apresenta uma tendência terrível de inventar coisas cada vez mais perigosas porque são meios sempre mais eficazes para o suicídio coletivo. Considerando a avalanche da população mundial em rápido crescimento, procuram-se meios e saídas para deter a torrente. Mas a natureza poderia antecipar-se a todas as nossas tentativas, voltando contra o homem seu próprio espírito criativo, cuja inspiração ele deve seguir, pelo acionamento da bomba H ou de outra invenção igualmente catastrófica que poria um fim à superpopulação. Apesar de nosso domínio orgulhoso da natureza, ainda somos vítimas dela tanto quanto sempre o fomos, e não aprendemos a controlar nossa própria natureza que, devagar mas inevitavelmente, contribui para a catástrofe.

Não há mais deuses que pudéssemos invocar em auxílio. As grandes religiões sofrem no mundo todo de crescente anemia porque os numes prestativos fugiram das matas, rios, montanhas e animais, e os homens-deuses sumiram no submundo, isto é, no inconsciente. E supomos que lá eles levem uma existência ignominiosa entre os restos de nosso passado, enquanto nós continuamos dominados pela grande *Déesse Raison* que é nossa ilusão dominadora. Com sua ajuda fazemos coisas louváveis: por exemplo, livramos da malária o mundo, difundimos em toda parte a higiene, com o resultado de que povos subdesenvolvidos aumentem em tal proporção que surgem problemas de alimentação. "Nós vencemos a natureza" é apenas um *slogan*. A chamada "vitória sobre a natureza" nos subjuga com o fato muito natural da superpopulação e faz com que nossas dificuldades se tornem mais ou menos insuperáveis devido à nossa incapacidade de chegar aos acordos políticos necessários. Faz parte da natureza humana brigar, lutar e tentar uma superioridade sobre os outros. Até que ponto, portanto, "vencemos a natureza"?

599   Como é necessário que toda transformação tenha início num determinado tempo e lugar, será o indivíduo singular que a fará e a levará a término. A transformação começa num indivíduo que, talvez, possa ser eu mesmo. Ninguém pode dar-se o luxo de esperar que outro faça aquilo que ele só faria de mau grado. Uma vez que ninguém sabe do que é capaz, deveria ter a coragem de perguntar a si mesmo se por acaso o seu inconsciente não pode colaborar com algo de útil quando não há à disposição nenhuma resposta consciente que satisfaça. As pessoas de hoje estão pesarosamente cientes de que nem as grandes religiões, nem suas inúmeras filosofias parecem fornecer-lhes aquelas ideias poderosas que lhes dariam a base confiável e segura de que necessitam diante da situação atual do mundo.

600   Sei que os budistas diriam, e realmente o dizem: se as pessoas seguissem pelo menos o "nobre caminho óctuplo" do Dharma (doutrina, lei) e tivessem uma visão verdadeira do si-mesmo; ou os cristãos: se as pessoas tivessem ao menos a verdadeira fé no Senhor; ou os racionalistas: se as pessoas fossem ao menos inteligentes e razoáveis – então seria possível superar e resolver todos os problemas. A dificuldade está em que não podem superar nem resolver esses problemas, nem são capazes de ser razoáveis. Os cristãos se perguntam por que Deus não fala com eles, como parece ter feito outrora. Quando ouço esse tipo de pergunta, penso sempre naquele Rabi que, quando perguntado por que Deus se mostrava nos tempos antigos e agora ninguém mais o via, respondeu: "Hoje em dia já não existe ninguém que pudesse inclinar-se tão profundamente diante dele".

Esta resposta acerta em cheio a questão. Estamos tão 601
enrolados e sufocados em nossa consciência subjetiva que
esquecemos o fato antiquíssimo de que Deus fala sobretudo
através de sonhos e visões. O budista rejeita o mundo das
fantasias inconscientes como ilusões sem valor; o cristão coloca sua Igreja e sua Bíblia entre ele e seu inconsciente; e o
intelectual racional não sabe ainda que sua consciência não
é sua psique total; e isto, apesar de o inconsciente ter sido
por mais de setenta anos ao menos um conceito científico,
indispensável para todo pesquisador sério de psicologia.

Já não podemos ter a pretensão de julgar, à semelhança 602
de Deus, sobre o valor e desvalor dos fenômenos naturais.
Não podemos basear nossa botânica numa classificação de
plantas úteis e inúteis, nem nossa zoologia numa classificação de animais inofensivos e perigosos. Mas pressupomos
ainda tacitamente que a consciência tem sentido e o inconsciente não o tem; é como se estivéssemos tentando saber se os
fenômenos naturais têm sentido. Os micróbios têm sentido
ou não? Tais avaliações mostram simplesmente o estado lamentável de nossa mente que esconde sua ignorância e in-
competência sob o manto da megalomania. É certo que os
micróbios são muito pequenos e, em grande parte, desprezíveis e detestáveis, mas seria tolice não saber nada sobre eles.

Qualquer que seja a constituição do inconsciente, é um 603
fenômeno natural que gera símbolos, e estes mostram ter sentido. Assim como não se pode esperar de alguém que nunca
olhou através de um microscópio que seja uma autoridade no
campo da microbiologia, também não podemos considerar
como juiz competente no assunto aquele que nunca fez um
estudo sério dos símbolos naturais. Mas a subestima geral da
psique humana é tão grande que nem as grandes religiões,
nem as filosofias e nem o racionalismo científico lhe dão
qualquer atenção. Ainda que a Igreja Católica admita a ocor-
rência de sonhos enviados por Deus (*somnia a Deo missa*), a

maioria de seus pensadores não faz nenhuma tentativa de entendê-los. Duvido que haja algum tratado protestante sobre temas dogmáticos que "descesse tanto" a ponto de considerar que a *vox Dei* pudesse ser ouvida nos sonhos. Se alguém acredita de fato em Deus, qual a autoridade que tem para dizer que Deus é incapaz de falar por meio de sonhos? Onde estão aqueles que realmente se dão ao trabalho de interrogar os seus sonhos, ou de experimentar uma série de fatos fundamentais sobre os sonhos e seus símbolos?

604   Passei mais de meio século pesquisando os símbolos naturais e cheguei à conclusão de que os sonhos e seus símbolos não são nenhum absurdo estúpido. Ao contrário, eles fornecem informações muito interessantes; basta esforçar-nos para entender os símbolos. É verdade que os resultados pouco têm a ver com compra e venda, ou seja, com os nossos interesses terrenos. Mas o sentido de nossa vida não se esgota em nossas atividades comerciais, nem os anseios da alma humana são saciados pela conta bancária, mesmo que nunca tenhamos ouvido falar de outra coisa.

605   Numa época em que toda a energia disponível é empregada na pesquisa da natureza, pouca atenção se dá ao essencial do ser humano, isto é, à sua psique, ainda que haja muitas pesquisas sobre suas funções conscientes. Mas sua parte realmente desconhecida, que produz os símbolos, continua sendo terra desconhecida. E mesmo assim ela nos envia toda noite seus sinais. A decifração dessas mensagens parece ser um trabalho odioso, e poucas pessoas do mundo civilizado dela se ocupam. Pouco tempo é dedicado ao principal instrumento da pessoa humana, isto é, sua psique, quando não é desprezada e considerada suspeita. "É apenas psicológico" significa: não é nada.

606   Não sei exatamente donde provém esse preconceito monstruoso. Estamos tão ocupados com a questão o que

pensamos que esquecemos completamente de refletir sobre o que a psique inconsciente pensa dentro e a respeito de nós. Freud fez uma séria tentativa de mostrar por que o inconsciente não merece um melhor julgamento, e sua teoria aumentou e fortificou sem querer o desprezo já existente pela psique. Se, até então, ela foi apenas desconsiderada e negligenciada, tornou-se agora um buraco de lixo moral do qual se tem um medo indizível.

Este ponto de vista moderno é sem dúvida unilateral e injusto. Não corresponde à verdade dos fatos. Nosso real conhecimento do inconsciente mostra que ele é um fenômeno natural e que, tanto quanto a própria natureza, é no mínimo *neutro*. Ele abrange todos os aspectos da natureza humana: luz e escuridão, beleza e feiura, bem e mal, o profundo e o insensato. O estudo do simbolismo individual bem como do coletivo é uma tarefa enorme que ainda não foi realizada, mas que finalmente foi iniciada. Os resultados obtidos até agora são animadores e parecem conter uma resposta às muitas perguntas da humanidade atual.